바로간다 이마트

초판 1쇄 발행 | 2015년 9월 1일

지 은 이 | 서정연, 이재호
발 행 인 | 김영희
기   획 | 신현숙, 하순영
마 케 팅 | 권두리
편   집 | 최은정, 변호이, 박지혜, 김민지
디 자 인 | 한동귀, 문강건, 박성민, 이현주
발 행 처 | (주)에프케이아이미디어(프리이코노미북스)
등록번호 | 13-860호
주   소 | 150-881 서울특별시 영등포구 여의대로 24 FKI타워 44층
전   화 | 출판콘텐츠팀 | 02-3771-0435 영업팀 | 02-3771-0245
홈페이지 | www.fkimedia.co.kr
팩   스 | 02-3771-0138
E - mail | rommi10@fkimedia.co.kr
I S B N | 978-89-6374-122-2 13320
정   가 | 1만 1,000원

◆ 낙장 및 파본 도서는 바꿔 드립니다.

◆ 이 책 내용의 전부 또는 일부를 재사용하려면 반드시 FKI미디어의 동의를 받아야 합니다.

◆ 내일을 지키는 책 FKI미디어는 독자 여러분의 원고를 기다립니다. 책을 엮기 원하는 아이디어가 있으면
  hsshin@fkimedia.co.kr로 간략한 개요와 취지를 연락처와 같이 보내주십시오.

이 도서의 국립중앙도서관 출판예정도서목록(CIP)은 서지정보유통지원시스템 홈페이지(http://seoji.nl.go.kr)와
국가자료공동목록시스템(http://www.nl.go.kr/kolisnet)에서 이용하실 수 있습니다. (CIP제어번호 : CIP2015021032)

바로 간다

이마트

베스트 애널리스트의 분석과
취업멘토 교수의 가이드

서정연·이재호 지음

프리이코노미북스

취업에 왕도는 없지만
바른 길은 있다

사실 취업 준비에 왕도王道가 있을까 싶습니다. 준비한 내용은 같아도 면접관의 성향이나 기호에 따라 그리고 지원자의 당일 컨디션에 따라 당락의 결과가 달라지기도 하는 것이 취업이기 때문입니다. 하지만 면접과정이 다면화·다층화될수록 이런 운運의 요소는 점점 희박해지게 됩니다. 최근 주요 대기업들은 선발의 변별력을 높이기 위해 인·적성 테스트 도입은 물론 자소서를 직무에세이 형식으로, 면접을 합숙 형태의 집합면접으로 전환하였습니다. 여러분도 당연히 이런 채용 프로세스가 탈脫스펙을 위한 것임을 잘 알고 계실 겁니다. 하지만 탈스펙을 위해서 무엇이 가장 필요한지에 대한 인식은 부족한 것 같습니다. 사진, 어학점수, 자격증, 수상 경력, 교환학생 경험 등과 같은 것을 안 본다면 과연 무엇으로 지원자의 역량을 평가할 수 있다고 생각하시는지요?

결국 서면書面과 대면對面 과정에서 지원자의 간절함과 준비 상태로 판단할 수밖에 없습니다. 간절함이란 먼 길을 함께 가도 좋겠다는 확신을 주는 것이고, 준비 상태란 희망 회사에 지원하기 위해 구체적으로 얼마나 많은 고민과 탐구활동을 했는가에 의해서 결정됩니다. 그래서 집합면접장에 들어가면 상황 케이스를 주고 전략이나 아이디어를 도출해보라는 질문이 빈번하게 출제됩니다. 사실 전문가도 이런 질문을 제한된 짧은 시간에 소화하기 어렵습니다. 해법은 면접관이 무엇을 기대하는지를 간파하는 데 있습니다. 입사를 위해 많은 고민을 해봤다면 그래도 '나름의 답을 하지 않을까'라는 면접관의 기대를 충족시키는 것 말입니다.

그래서 취업을 제대로 준비하기 위해서는 기업에 대한 이해가 전제되어야 합니다. 시간에 쫓기다 보면 기업 분석의 필요성은 인정하지만 엄두가 나질 않는다는 생각이 드실 겁니다. '급할수록 돌아가라'는 속담이 있습니다. 급하면 무엇을 해도 몰입할 수 없다는 의미일 것입니다.

본 기업분석 시리즈는 취업 포털의 채용 공고문을 확인하는 순간부터 시작해도 전혀 무방합니다. 서류 심사에서 최종 면접까지 1개월에서 2개월의 기간 동안 본서를 활용하는 것에 시간적 부족함을 느끼지 않을 것입니다. 1장 산업 파트만 읽어도 기업을 분석하는 것에 대한 막연함에서 벗어날 수 있습니다. '멘토의 팁'과 '관련 자료 찾아보기' 코너를 곁들인 이유가 바로 여기에 있습니다. 애널리스트의 친절한 설명과 멘토의 가이드를 따라가다 보면 어느새 회사를 보는 안목이 생기는 것을 깨닫게 될 겁니다. 면접관이 무엇을 중요하게 생각하는지 알게 되므로, 자소서에 어떤 소재를 활용해야 할지 면접에서 어떤 부분을 언급하고 강조해야 할지 자연스럽게 알게 됩니다. **왕도는 없다고 했지만 바른 길은 있습니다. 바로 가는 취업을 원한다면 지금 바로 첫 페이지를 펼쳐보시기 바랍니다.**

남들보다 늘 앞서가는 기업, 이마트에 지원하려면…

이마트는 1990년대 초 유통업계에서 별 관심을 보이지 않던 한국형 할인마트사업을 국내 최초로 시작한 회사다. 사업을 시작한 것이 최초이기도 하지만 대형 할인마트가 지금과 같은 모습으로 발전하기까지 투자와 변화를 경쟁업체보다 빨리 보여준 회사이기도 하다. 이렇듯 '남들보다 앞서간다'는 것이 이마트의 가장 큰 강점이다.

하지만 다른 사람보다 '앞서' 어떤 행동을 한다는 것이 늘 좋은 결과를 낳는 것은 아니다. 누구도 하지 않았던 것을 제일 처음으로 하기에 시행착오를 겪기도 하고, 튀는 행동으로 인해 때로는 문제를 일으키기도 한다. 이마트 역시 국내 할인마트사업을 처음 시작한 이래 중국 진출, 이클럽E-Club사업 확대, 에브리데이슈퍼 출점, 인터넷쇼핑몰 투자 강화, 편의점 진출 등 수많은 변화와 시도를 거듭해오며 숱한 난관을 겪기도 했다. 하지만 어렵고 힘든 길임을 알면서도 성장을 위해 노력하는 모습을 수년간 지켜보며 '이것이 진정 정통 유통사의 모습이다'라는 생각을 많이 했다.

현재 신세계그룹의 2023년 비전을 토대로 이마트가 시도하고 있는 전략의 핵심은 'PL(Private Label), 온라인몰, 복합쇼핑센터' 세 가지다. 한국형 할인마트의 발전을 이끌어온 이마트가 향후 수십 년의 성장을 위해 제시한 이 세 가지 전략은 한국의 인구구조, 소비패턴 변화에 대응하여 누구보다 앞장서서 적극적으로 추진하고 있는 사항이다. 그렇기에 **끊임없이 변화하고 성장하기 위해 노력할 준비와 열정이 있는 사람**이라면 이마트에서 꿈을 펼쳐보라고 권하고 싶다.

그 꿈을 실현하고자 하는 사람은 적어도 그 회사의 사업보고서, 감사보고서, 연차보고서는 여러 번 읽어보라고 조언하고 싶다. 내가 취업하고 싶은 회사가 한 해에 얼마를 버는지, 어떤 일을 해서 버는지, 향후 비전은 무엇인지 그 회사 자료나 관련 기사를 샅샅이 뒤져서라도 읽어보는 것이 취업준비생이 가져야 할 기본적인 자세라는 생각이 든다.

이 책에서 정리한 내용들을 통해 이마트가 어떠한 노력을 해왔는지, 어떤 변화의 길을 걸어왔는지, 2023년 비전 달성을 위해 어떤 핵심 가치를 추구하는지 충분히 이해할 수 있을 거라고 믿는다. 이마트는 아마도 **2023년까지 회사가 이루고자 하는 것을 함께할 준비가 되어 있는 끈기 있고 창의적인 인재**를 기다리고 있을 것이다. 국내 내수 성장이 더딘 현 시점에서 한계를 딛고 신 성장을 모색할 아이디어와 용기를 가진 사람임을 증명하는 것이 이마트로 바로 가는 키Key라고 생각된다.

목차

CHAPTER 03　경영 이슈: 행복한 쇼핑라이프를 위한 도전과 전략

한눈에 본다, 이마트

이마트는 2011년 5월 1일 대형 할인마트 핵심 경쟁력의 강화를 목적으로 (주)신세계의 백화점 사업 부문과 이마트의 사업 부문을 인적분할해 신규 법인으로 설립된 회사다.

이마트의 출발은 1993년 11월 신세계그룹이 국내 최초의 할인마트로 개점한 이마트 창동점이며, 1994년 경기 고양시 일산점, 1995년 안산점, 인천 부평점을 연이어 개점했다. 이마트가 개점하면서 1990년대 국내 대형 할인마트 시대를 열었다.

1993

11월 이마트 창동점 오픈
최초의 대형 할인마트

1996

12월 이마트 물류센터
할인마트 최초의 물류센터

2006

10월 이마트 101호점 익산점 오픈
할인마트 최초 100호점 돌파
05월 월마트 코리아 인수(16개점)

2010

11월 이마트 트레이더스 /
몰리스펫샵 구성점 오픈

2011

08월 이마트 미트센터 오픈
05월 (주)신세계와 (주)이마트로 법인
분할

2012

09월 이마트 후레시센터 오픈
04월 BOONS 의정부역사점 오픈

2013

10월 이마트 알뜰폰 런칭
08월 이마트 150호점 별내점 오픈

2014

07월 이마트 풍산점
이마트 트레이더스 8호점 양산점
오픈

2015

05월 일산 킨텍스 이마트타운
신세계그룹의 야심작
이마트와 트레이더스 동시 입점

총 2,500억 원이 투자된 이마트타운은 연면적 10만㎡(3만 평) 부지에 매장 면적 2만 9,700㎡ (9,000평) 규모로, 한 건물에 이마트와 창고형 할인점 트레이더스를 동시 입점시킨 첫 점포다. 더불어 생활용품 전문점 '더라이프'와 가전 전문점 '일렉트로마트', 식음료 전문점 '피코크키친' 등 새로운 전문 매장을 구성해 차별화했다.

일산 킨텍스 인근에 자리 잡은 이마트타운은 해외 브랜드 이케아의 대항마로 빠르게 입소문이 퍼지면서 많은 고객을 불러들이고 있다.

이마트타운 구조(5개 층)

2층

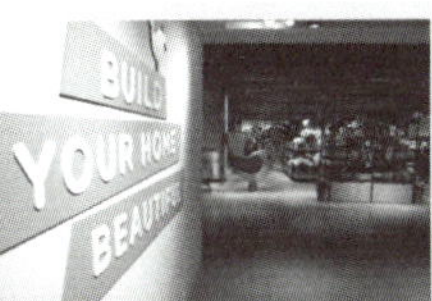

이마트문화센터

이마트, 생활용품 전문매장 더라이프
약 3,300㎡ 규모의 더 라이프는 가구, 생활소품, 인테리어용품 등을 두루 쇼핑할 수 있는 곳이다.

애플공인
서비스센터

1층

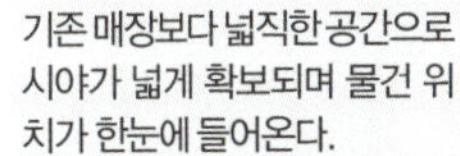

놀이공간 키즈 올림픽

이마트
기존 매장보다 넓직한 공간으로 시야가 넓게 확보되며 물건 위치가 한눈에 들어온다.

복합 식품샵 피코크키친
2년 전 론칭한 450여 개의 피코크제품을 매장으로 실현시킨 공간이다.

지하 1층

창고형 매장 이마트트레이더스
'한국형 코스트코'와 같은 콘셉트로 가장 인기가 높은 곳이다.

전자제품 전문매장 일렉트로마트
드론, 맥주제조기 등 흔히 보기 힘든 이색 상품들을 구비하여 남심을 끌어들이고 있다.

애견샵 몰리스펫샵
정용진 신세계 부회장의 애완견 이름을 따서 지은 몰리스샵

지하 2층

주차장

지하 3층

주차장

성별		직원수			
		정규직	계약직	기타	합계
이마트 직원 현황	남	9,828	686	-	10,514
	여	16,402	1,785	-	18,187
합계		26,230	2,471	-	28,701

이마트에서 말하는 채용 포인트

직원을 배려하는 기업문화

이마트는 업계 최초로 전 직원을 정규직으로 전환하는 등 직원들을 배려하는 정책을 실시해왔다. 수많은 취업준비생이 희망하는 안정적이고 건강한 대표 일자리라고 할 수 있다. 신세계와 이마트는 업계 내에서도 업무 분위기나 복리후생제도가 훌륭하기로 소문이 나 있어 그만큼 경쟁률도 치열하다.

이마트의 특별한 채용 프로세스

1단계 : 기초소양 검증

- 심층면접 - 지원자의 과거 경험, 행동 사례에 집중된 질문을 통해 회사·직무적합도를 판단하는 면접으로 지원자 1명+면접위원 2명으로 진행된다.
- 토론면접 - 주어진 주제에 대한 그룹 토론 과정을 관찰함으로써 커뮤니케이션 스킬, 팀워크, 회사적합도 등을 평가한다.

※ 1단계에서는 면접을 대기하는 동안 인성검사가 병행된다.

2단계 : 직무능력 검증

DREAM STAGE(직무오디션 면접) - 신세계 그룹의 인재선발방식을 대표하는 면접으로 지원자가 자신이 차별화된 인재임을 자유로운 형식으로 세일즈하는 오디션 형식의 직무역량 프레젠테이션 면접이다. 지원자가 희망하는 직무 관련 주제를 선정하여 형식에 제한 없이 발표물을 준비하고, 면접일에 DREAM STAGE에 올라 본인의 생각, 아이디어, 경험 등을 해당 직무의 내부 전문가들 앞에서 자유로운 형식으로 발표하고 잠재된 역량을 평가받는다.

3단계 : 종합평가

임원면접조직과 직무에 적합한 인재인지를 최종 판단하는 多:多 인물면접이다.

이마트는 환경과 사회를 생각하는 기업으로서 모범과 책임을 보이고 있다. 친환경 경영으로 기업의 이미지 제고에도 긍정적인 영향을 크게 끼치고 있다.

최초의 대한민국 녹색매장 1호점인 이마트 성수점 오픈, 최초의 종이전단 폐지, 최초의 비닐쇼핑백 없는 점포 운영, 최초의 장바구니 대여서비스 운영, 최초의 친환경 영수증 도입, 최초의 빈병보증금환불센터 운영, 최초의 태양광 발전설비 운영, 최초의 협력사 에너지 컨설팅 운영, 최초의 친환경 하이브리드 법인차량 운영 업무협약, 최초의 그린송 재능기부, 최초의 친환경 소비교육개발 및 기부, 최초의 민간 전기차 충전소 운영 등 친환경 경영을 실천한다.

emart

산업:
토착화 성공의 표본, 대한민국 맞춤 이마트

1990년대 초 유통시장이 전면 개방되면서 영세 소매상이 몰락하고 대형마트가 대거 진출하였습니다. 외국계 유통기업이 점령할 것이라는 우려는 국민 정서에 맞는 이마트의 토착화 성공으로 불식되었습니다. 덕분에 소비자는 낮은 가격과 접근성으로 합리적인 소비를 누릴 수 있었지요. 반면 시장의 포화로 인한 유통업의 성장 둔화가 시작되었습니다. 향후 유통 시장의 활성화를 위해 어떤 전략이 필요할지 살펴봅시다.

01

소비자 정신에 맞춘
유통산업의 발전

대형마트의 토착화, 변화하는 유통 지도

국내 소매유통업은 1990년대 초 세계무역기구WTO에 의해 유통시장이 전면 개방된 이후 '영세 소매상의 몰락, 대형 유통점 대거 진출, 무점포 판매의 급성장'으로 요약되는 변화를 보여왔다. 이러한 변화의 내면을 살펴보면, 유통의 개방이 변화하게 된 발단이었는데도 애초에 우려했던 것처럼 외국계 유통기업의 국내 시장 점령은 일어나지 않았다. 이는 유통의 개방에 맞서 국내 유통업을 육성하겠다는 정부의 강한 의지에서 비롯된 것이기도 하지만, 더 중요한 원인은 바로 '토착화'에 있었다. 국내 소비자 정서와 코드에 맞는 업태 개발을 위한 자체적인 노력과 의지가 국내 유통시장의 성장을 유도했고, 업태별 패러다임 전환을 여러 차례 거치며 오늘에 이를 수 있었다.

소매유통업태들 중 단일 점포당 규모가 제일 크고, 가장 다양하게 상품을 갖추고 있는 것이 백화점이다. 백화점은 규모나 상품 구성, 시장점유율 면에서 대형마트(할인마트)와 함께 거론되어왔으나 실제로는 이 둘의 성격에 큰 차이가 있다. 백화점의 상품 구성에서 가장 큰 부분을 차지하는 것이 의류 및 패션잡화인 반면, 대형마트의 경우 식료품과 생활용품의 구성비가 높다. 1997년 IMF 외환위기를 기점으로 반복되는 경기불황과 소비심리의 저하는 백화점과 할인점의 업계 내 위상을 바꾸어놓았다. 그 원인의 핵심은 바로 'MD와 전략의 차이'였다.

결과적으로 백화점은 2002년 말을 기점으로 소매업의 총 매출액 중 차지하는 점유율 면에서 대형마트에 뒤처지기 시작했다. 매년 6% 이상 꾸준한 매출 증가를 보이던 백화점이 2002년 매출 17조 8,000억 원을 기점으로 이후 2년간 마이너스 성장을 보여온 것이다. 반면, 할인

Fig 01

통계청의 업태 구분 기준 – 매장 면적이 업태를 구분하는 중요한 기준 중의 하나

유통업태	정의
백화점	단일 경영 체제하에 매장 면적이 3,000㎡ 이상이고, 주된 취급 품목 없이 다수의 매장으로 구획된 판매 시설을 갖추고 의류, 가구, 귀금속, 식료품 등 각종 상품을 종합적으로 소매하는 점포 각 매장별로 전용 판매원이 배치되어 매매 및 계산이 이루어짐
대형마트	대형 매장(백화점 제외)을 갖추고 식료품, 의류 등의 각종 유형의 상품을 판매하는 종합소매점 매장 면적 3,000㎡ 이상(기타 대형 종합소매업)
슈퍼마켓	단일 경영 체제하에서 식료품을 위주로 각종 생활잡화 등을 함께 판매하는 소매점 매장 면적 3,000㎡ 미만(슈퍼마켓, 기타 식료품 위주 종합소매업, 그 외 기타 종합소매업)
편의점	체인계약을 체결하고 각종 상품을 계속적으로 공급받아 24시간 판매하는 소매점
전문 소매점	일정한 매장을 갖추고 특정 상품을 전문적으로 판매하는 소매점
인터넷쇼핑몰	컴퓨터 통신망을 이용하여 상품을 판매하는 가상소매점(상품 판매만 해당)
홈쇼핑	TV 홈쇼핑채널을 통해 상품을 판매
방문 및 배달판매	직접 판매할 수 있는 매장을 개설하지 않고 상품을 판매하는 방문판매, 계약배달판매 등

자료: 지식경제부

점의 경우 IMF 외환위기 이후 그 성장세를 가속화하면서 두 자리대의 성장률을 기록하였고 2002년 매출 17조 4,000억 원을 기점으로 이후 백화점의 시장점유율(M/S: market share)을 앞질러 지금에 이르고 있다.

여전히 일반 재래시장 비중이 높은 국내 소매유통시장

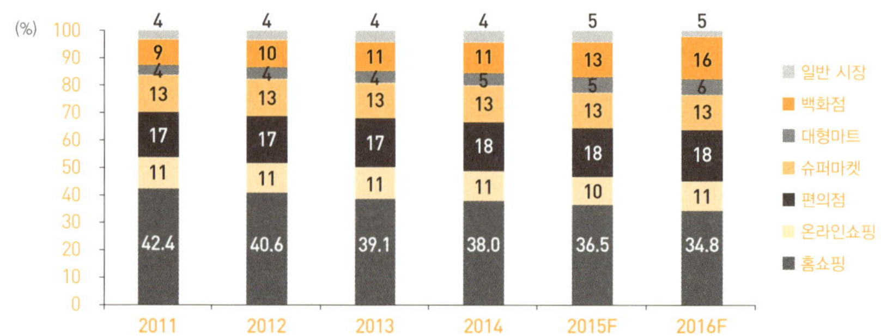

국내 소매유통시장의 규모는 약 300조 원. 인터넷쇼핑몰은 빠르게 상승 중

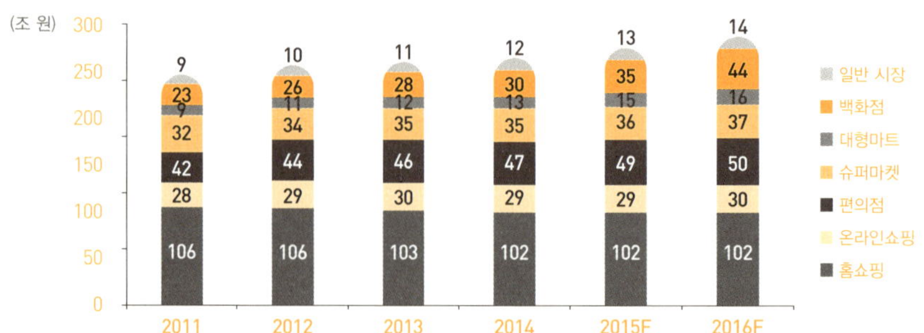

백화점의 부진과 인터넷쇼핑몰의 성장

2015년 국내 유통시장은 2014년 대비 5.6% 성장한 288조 원에 이를 전망이다. 채널별로 올해보다 성장폭이 다소 개선될 전망인데, 이는 경기회복 요인보다는 기저효과 요인이 크게 반영된 전망치다.

산업의 평균 성장률을 능가하는 성장세를 보이는 업태는 편의점과 인터넷쇼핑몰이다. 경기가 부진함에 따라 아울렛 수요가 급등하면서 백화점 성장률은 둔화세를 지속 중이고 2012년부터, 시행된 의무휴업 규제로 인한 대형마트와 슈퍼마켓 성장세도 정체된 상황이다. 이 틈을 타고 오랫동안 유통업에서 1위 점유율을 고수하던 대형마트를 위협하며 빠른 속도로 성장한 업태가 바로 인터넷쇼핑몰이다. 인터넷쇼핑몰은 두 자리대 성장률을 지속하고 있다.

멘토의 Tip ❶　　　　　　　　　**유통 채널의 변화 추이 탐색하기**

유통 채널의 변화 추이를 탐색해보고 향후 전망도 해봅시다.
IMF 이후 국내 유통산업은 큰 변화를 보여주고 있습니다. 대형마트가 2002년을 기점으로 백화점을 밀어내면서 단일 업태(재래 채널 제외)로는 1위 자리에 올랐습니다. 2008년 금융위기 이후에는 정부의 의무휴업 규제와 온라인 채널 발달에 따라 인터넷쇼핑몰이 급성장하면서 2014년 기준으로 백화점 매출을 앞지르기 시작했습니다. 이런 성장세라면 인터넷쇼핑몰이 몇 년 안에는 대형마트 매출도 따라잡을 전망입니다. 참고로 면세점 매출이 대형마트 매출로 통계가 잡히는데 이 부분을 제하면 실질적으로는 온라인쇼핑 채널이 1위라고 볼 수 있습니다. 이마트는 이런 시대의 변화에 선제적으로 대응해온 기업으로 평가받고 있습니다. 하지만 향후 유통 채널이 진화하는 방향에 따라 이마트에는 새로운 도전 과제가 주어지는 만큼 관련 내용을 자세히 탐색해봐야 합니다.

관련 자료 찾아보기 ❶
검색 키워드, '국내 유통시장 현황'

이마트는 2011년 6월 신세계그룹의 백화점과 마트 부문이 서로 분리되면서 신설된 법인입니다. 유통시장 전체의 패권을 둘러싸고 여타 영역에 있는 유통업체들과 치열한 대결을 펼쳐나갈 수밖에 없습니다. '국내 유통시장 현황'을 키워드로 해서 백화점, 대형마트, 편의점, 인터넷쇼핑몰 등의 성장 전략을 함께 비교해보면서 이마트가 어떤 대응을 통해 선두 자리를 지키고 있는지 살펴보기 바랍니다.

대형마트의 성장 둔화와
이마트의 움직임

시장의 포화에 따른 점포 출점의 한계

1993년 이마트 창동점이 국내 대형마트의 시초였다. 대형마트는 일상적인 소비를 위한 필수적인 쇼핑공간으로 성장한 대표적인 유통업태로서 식품, 가전 및 생활용품 등을 저렴한 가격으로 소비자에게 판매하는 소매점이다. 저가의 상품 공급을 통해 경기침체기에는 경제적인 소비를 가능하게 하고, 물가상승기에는 물가를 안정시키는 등 국가 소비경제의 선순환을 주도하고 있다. 또한 지역 특산물 및 지방 중소업체의 새로운 상품을 소개하여 지역경제발전에 이바지하는 등 내수시장의 성장에 핵심적인 역할을 하고 있다.

대형마트업계의 중요한 경쟁 요소는 다점포화에 따른 규모의 경제 실현 및 점포 입지의 선점, 고객의 수요를 충족시킬 수 있는 우수한 상품 경쟁력에 있다. 그러나 장기적인 관점에서 다점포망 구축으로 생긴 가격경쟁력과 출점하는 입지의 선점 등의 요소는 적정 점포수에 접근하는 시점이 되면 희석될 것이다. 이후로는 비용구조의 효율화, 다양한 상품의 구색, 차별화된 고객서비스, 고객편의시설 확충 등 비가격 요소가 주요 경쟁 요소가 된다. 특히 경쟁업체와 차별화된 양질의 상품을 확보하는 것과 상시 저가구조를 구축하는 것이 경쟁의 핵심 요소라 하겠다.

대형마트의 상품 구성은 의식주에 필요한 기본 생활필수품이 대부분으로 다른 소매업태에 비해 상대적으로 경기의 영향을 적게 받는다. 외환위기와 글로벌 금융위기 이후 합리적인 소비문화가 정착하면서 대형마트는 경기방어적 업태로 자리매김하였다. 또한 대량 구매 시스템과 물류시스템의 효율화 및 다점포화 전략을 통해 규모의 경제를 실현하여 경기의 영향을 크게 받지 않고 안정적인 수익을 창출할 수 있는 기반을 확보하고 있다.

하지만 최근 장기적인 저성장 기조에 따른 소비경기의 침체와 정부의 영업규제 강화, 포화된 시장으로 인한 경쟁 심화, 유통시장 환경의 변화로 인하여 성장률이 다소 둔화되고 있다. 또한 1인 가구 증가, 고령화 등으로 인한 소량 및 근거리 소비패턴이 확대되고 있는 데다 인터넷과 모바일의 발전에 따른 온라인, 홈쇼핑 등 무점포 소매업태의 성장으로 업태 간 경쟁이 심화되면서 어려운 시장 환경에 놓여 있는 것도 사실이다. 이에 대형마트는 둔화하는 성장세를 극복하기 위해 온라인몰 강화, 창고형 마트 확대, 복합쇼핑몰 개발 등 포맷의 다변화를 꾀하고 있고 상시 저가 정책, 자체개발상품의 확대, 해외 소싱 확대를 통한 가격경쟁력 강화 등의 다양한 자구책을 통해 시장의 안정적 성장을 도모하고 있다.

국내 대형마트의 시장포화론은 이미 2000년대 중반부터 거론되어 왔다. 당시 연구기관별로 조금씩 다른 수치를 전망했지만 2008년부터 2009년 사이에 정점을 찍으면서 대형마트의 성장률은 크게 둔화될 것이라는 의견이 지배적이었다.

대형마트 포화이론의 대부분은 점포당 인구수를 근거로 포화 점포수 및 시점을 예측하고 있으나, 이는 국토 면적이 넓어 상대적으로 인구밀도가 낮은 미국이나 일본에 적합한 추정 방법이다. 국내의 경우 '인구밀도와 지역별 구매력'의 특이성을 반영하여 추가로 출점할 수 있는 여력을 추정해보면 포화 점포수는 400~420개, 포화 시기는 2010년 전후가 될 것이라는 계산이 나온다. 이마저도 매장 면적 1,000평 이하의 대형마트 또는 슈퍼 슈퍼마켓(SSM: Super Supermmarket) 형태의 매장은 제외한 수치이다. 따라서 2015년 현재 대형마트 출점 여력은 매우 제한적인 상황까지 왔다. 실제로 업계 1위인 이마트만 하더라도 연 3~5개의 신규 출점만 하고 있는 상황이다.

대형마트의 점포수가 많아지고 경쟁이 심화될수록 소비자들은 할인 행사, 서비스, 접근 편의성 등을 종합적으로 고려해서 점포를 선택하고 이용한다. 또한 대형마트의 주 고객층이 근거리 주거지를 기반으로 한 주부들이라고 볼 때, 접근성에 있어서 절대우위가 있는 경쟁 점포가 추가로 출점되지 않는 이상 고객이 기존에 이용하던 점포는

쉽게 바뀌지 않는다. 따라서 대형마트시장이 성숙기를 맞이하고 있는 상황에서는 첫째, 기존 진출 지역 내에서 입지 우월성을 확보하는 것과 둘째, 회사만의 차별화된 상품 구성을 갖추는 것 그리고 셋째, 고객 유입이 많은 채널로 업종 다변화를 꾀하는 등의 전략이 중요하다.

안정적인 수익을 창출하는 이마트

이러한 대형마트 산업의 변화와 동향에 발맞추어 이마트는 어떤 전략을 구사해왔을까. 이마트는 위 세 가지 요인에 있어 타사에 비해 앞서 대비하는 모습을 보이기도 했지만 전략적으로 월등히 우수한 수준의 전략을 펼쳐왔다. 이는 대형마트시장이 성숙기에 접어들었음에도 불구하고, 이마트는 안정적인 수익을 창출하면서 새로운 성장에 주력할 원동력을 갖고 있음을 의미한다.

우선 업계 1위인 이마트는 최초 출점, 최다 점포 보유, 최대 매출액 달성, 최고 이익률 달성이라는 여러 타이틀을 가지고 있다. 일단 보유한 점포수가 많으면 공급업자를 상대로 상품 공급가 교섭력이 높아지고, 이는 소비자 가격으로 직결되기 때문에 최저가할인점이라는 정책을 달성하기가 수월해진다. 이는 회사의 수익성을 높여줄 뿐만 아니라 고객과의 신뢰를 지속시켜주므로 업계 내의 우월성을 확보하는 데 매우 중요한 요인이다.

또한 이마트는 인구밀도와 구매력 지수가 높은 지역에 입점하는 비율이 타사 대비 높은 데다 이들 상권은 다른 지역에 비해 상대적으로 우수한 편이다. 이마트는 우월한 상권 내에서 우월한 입지를 이미 선점하고 있다는 사실을 알 수 있다.

한편, 월마트가 이마트에 인수되고 까르푸가 이랜드, 홈플러스 등에 인수되면서 대형마트시장이 본격적인 과점 경쟁 체제로 돌입하여 동일 상권 내에 입점해 있는 점포 간의 경쟁이 불가피해졌다. 이런 상황에서 이마트는 '최저가보상제'라는 슬로건으로 판촉을 벌여왔는데, 이는 경쟁을 심화시켜 오히려 납품업체들의 수익구조를 악화시키고 출혈경쟁을 초래한다는 비판을 받기도 했다.

2000년대의 세 가지 대응 전략 숙지하기

2000년대 중반 이마트의 세 가지 대응 전략을 숙지해둡시다.
대형마트시장의 포화론이 2000년대 중반 본격 거론되면서 이마트는 세 가지 관점, 즉 기 진출 지역 내 입지 우월성 확보, 차별화된 상품 구성, 고객 다유입 채널로 업종 다변화 등의 전략으로 대응해왔습니다. 그 결과 업계 1위 자리를 견고히 지키고 있는데요. 면접 과정에서 이런 포인트들을 검증해볼 수 있으므로 잘 기억해두시기 바랍니다.

관련 자료 찾아보기 ❷
검색 키워드, '대형마트 성장 둔화'

'대형마트 성장 둔화'를 키워드로 시장 환경이 어떻게 변화하고 있는지를 잘 살펴봐야 합니다. 무조건 시장이 축소되는 것이 아니라 소비자 기호, 인구구성 변화, 새로운 유통 채널 도입 등 복합적인 요인들이 유통시장의 지형도를 어떻게 바꿔가고 있는지를 체크하시기 바랍니다. 한 가지 안타까운 점은 최근 유통업계 불황의 여파로 기업 내 유통 연구소 기능을 대폭 축소하였다는 점입니다. 이에 따라 관련 보고서 발행도 많이 줄어들었습니다. 대신 이 책에 나오는 해외 대형마트 사례를 참고로 국내 유통시장에 대한 시사점을 찾아보시기 바랍니다.

저성장에 접어든
국내 소비

소비트렌드의 변화와 유통의 한계

소비는 경제성장과 밀접한 관련이 있고 경제성장은 인구구조에 큰 영향을 받는다. 우리나라는 1980년부터 2010년까지 30여 년 동안 베이비부머들의 왕성한 경제활동을 통해 각 분야에서 높은 성장을 기록했다. 특히 소득수준이 향상되면서 소비 역시 큰 폭으로 성장, 대형 유통의류업체들이 등장하며 호황을 누렸다.

하지만 고령화에 따른 인구구조의 변화와 베이비부머 세대의 은퇴 시기가 맞물리면서 국내의 소비트렌드는 과거와 다른 양상으로 변해가고 있다. 바로 가치소비, 1인소비의 양극화가 새로운 트렌드이며 이는 전통 유통업체들의 마진 하락을 초래하는데 이것이 이른바 '저마진 리스크'이다. 더욱이 의류의 지출 비중은 소득수준 증가에 따라 꾸준히 감소하기 마련인데, 경기침체기에 큰 폭으로 비중이 하락한 이후에는 경기가 회복되더라도 의미 있는 상승 반전이 나타나지 않는다.

경제성장기의 국내 내수는 '플랫폼Platform 사업자'가 권력의 중심에 있었다. 유리한 부지를 선점한 유통업자에게 제조업체들이 몰렸고, 플랫폼 사업자들은 고마진의 수익 사업을, 제조업체들은 대량 공급을 통한 외형 성장을 이룰 수 있었다. 이후 소비자들의 선택을 받은 일부 제품들은 유통업자를 능가하는 힘을 가지게 되는데 이른바 '브랜드Brand 사업자'에게로 권력이 옮겨가는 순간이었다.

힘 있는 브랜드는 과거 플랫폼 사업자들에게 지불하던 높은 수수료를 지불하지 않아도 될 만큼 집객력을 갖추면서 수익성이 개선되었다. 문제는 이렇게 파워풀한 브랜드들이 많아지자 백화점은 저마진 리스크에 노출되고, 브랜드 파워가 상대적으로 약한 브랜드들은 아울렛과 같은 곳에서 할인가에 판매되면서(정상가 판매율 하락) 경쟁력이 더욱 약해지는 악순환에 빠지고 있다는 점이다.

소비문화를 살린 소싱의 역할

악순환의 연결고리를 끊기 위해 기존 플랫폼 사업자들은 집객력을 높일 수 있는 신 업태를 발굴하여 투자를 늘리거나, 이익의 질을 높이기 위해 자체 소싱 비중을 높이는 전략을 펼치고 있다. 또한 저가의 글로벌 의류브랜드들이 소비자를 공략하는 것에 대해 내수 의류업체들은 합리적인 가격대의 품질 높은 옷으로 대응하고자 노력 중이다.

그러기 위해서는 역시 더 저렴한 생산처를 발굴하는 작업이 필연적이다. 결론적으로 이제는 브랜드 사업자로부터 '소싱Sourcing 업체'로 권력이 이동 중인 것으로 보인다. 다만 소싱 사업자가 단독으로 헤게

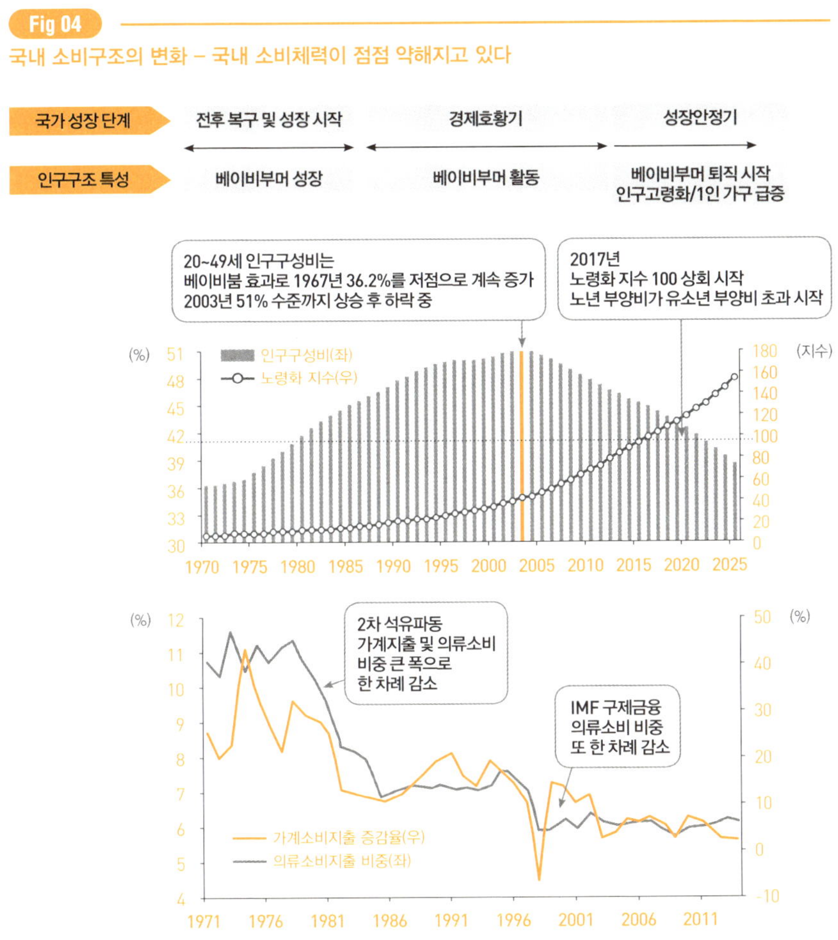

모니를 가지기보다는 플랫폼 또는 브랜드 사업자와 긴밀한 협력 체제를 구축함으로써 성장을 도모할 것이라는 점이 이전과는 다소 다른 모습이다.

소싱이란 기업이 원하는 품질과 서비스 수준의 원부자재, 완제품 또는 가공 능력을 가장 효율적인 가격으로 정해진 시간 내에 제공하는 공급자, 하청업자를 결정하는 것이다. 특히 글로벌 소싱이란 지리적인 위치와 관계없이 가장 효과적으로 필요한 자원이나 제품을 제공 가능한 공급업자, 하청업자를 전 세계적으로 활용하는 것을 의미한다. 전문적으로 소싱을 담당하는 생산업체를 '소싱기업'이라고 부른다.

소비자들이 점점 더 높은 품질에 낮은 가격을 추구함에 따라 생산업체와 바이어가 직접적으로 계약하는 방식이 늘어가는 추세다. 이러한 추세에 맞추어 유통업체들이 늘리고 있는 것이 바로 자체생산브랜드(PB: Private Brand)이며 이는 뒤에서 자세히 설명하기로 하겠다.

은퇴시대 본격화, 고령화, 저성장으로 이어지는 연결고리는 필연적으로 소비체력의 약화를 초래할 수밖에 없다. 이 경우 유통업은 신성장동력을 모색하여 해외로 진출하거나 니치마켓을 공략하거나 이익의 질을 높이는 전략을 써야 한다.

미래 유통업 종사자로서 국내 소비시장의 현황과 특징을 잘 파악해둡시다.

국내 소비시장이 유통업계에 많은 변화를 요구하는 모습입니다. 가치소비와 1인소비의 확대에 저마진 리스크가 커지고 있고, 플랫폼 사업자-브랜드 사업자-소싱기업으로 이어지는 헤게모니 축의 이동이 영업 전략에 큰 변화를 초래하고 있습니다. 최근에는 저금리, 고령화 사회를 앞두고 소비 체력의 약화라는 고민을 끌어안고 있습니다. 유통업 종사자가 되려면 국내 소비시장의 이러한 현황과 특징을 잘 파악해둬야 합니다.

관련 자료 찾아보기 ③
검색 키워드, '국내 소비시장 트렌드'
한국경제매거진, 〈2015 소비시장 핫 트렌드 10〉

'국내 소비시장 트렌드'를 검색어로 관련 자료들을 찾아보시기 바랍니다. 시장 전체적으로는 성장세가 과거에 비해 둔화되었지만 소비시장의 최신 트렌드는 새로운 유통 채널의 성장을 촉진합니다. 참고로 한국경제매거진이 발표한 〈2015 소비시장 핫 트렌드 10〉 기사를 보면 옴니채널, 큐레이션, 스마트 에이전트, SNS와 과시, 사야 할 위시리스트 대신에 누려야 할 버킷리스트, 골목길 전성시대, 싱글 케어, 소셜 다이닝, 실버부머 등 흥미로운 주제들이 많이 등장합니다. 하지만 관련 기업에는 무거운 과제들이기도 합니다. 유통에 대한 시각을 기르려면 이런 주제들을 하나씩 공부하면서 이마트는 어떻게 대응해야 할지 고민해봐야 합니다.

emart

시장:
늘 고객 곁을 지키는
최초의 할인점

이마트는 매출액, 영업이익, 점포수, 시장점유율 면에서 국내 최고의 실적을 보유하고 있습니다. 또한 대형마트 외에 호텔, 면세점, 푸드 등으로 사업 영역을 계속 확대해가고 있습니다. 반면 해외로 진출한 이마트가 국내만큼 성장 가능성이 있는지는 면면히 살펴봐야 하겠습니다. 그러기 위해 이마트가 벤치마크하면 좋을 성공적인 해외 유통업체는 어떤 곳이 있을지 알아보도록 합시다.

01

국내 최고 유통전문가의
당당한 행보

굳건한 업계 선두의 위상

이마트는 국내 대형마트 시장점유율 29%, 상위 3개 업자 내에서 시장점유율 41%로 1993년 대형마트 진출 이후 줄곧 업계 1위 자리를 지키고 있다. 2003년 말 신세계그룹이 지난 22년 동안 매출액 기준 유통업계 1위를 굳건히 해온 롯데쇼핑을 제칠 수 있었던 것은 이마트의 힘이 컸다.

이마트는 대형마트업계에서 매출액, 영업이익, 점포수, 시장점유율 등 절대적 규모 면에서 국내 최고의 실적을 보유하고 있다. 동사는 국내뿐 아니라 해외 일류 수준Global Top-tier의 소매업체들과 비교하더라도 수익성 면에서 매력적인 수치를 보인다. 물론 국내 유통업의 시장 규모가 상대적으로 협소한 까닭에 매출액 기준으로는 세계 90위권에 그

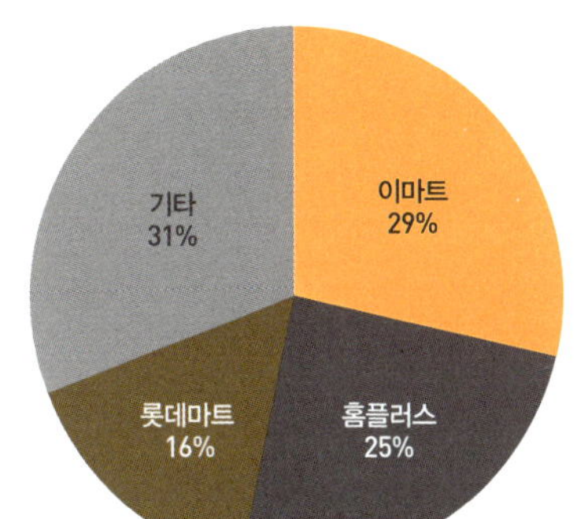

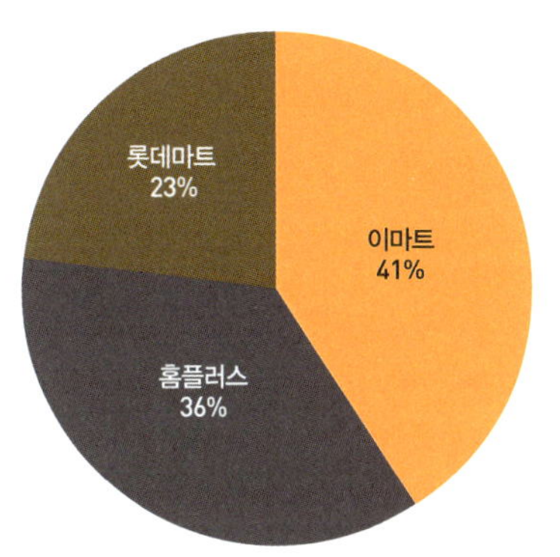

치고 있지만, 지역별 대표 대형마트업체들과 비교할 때 영업이익률 및 순이익률 측면에서 높은 성과를 달성하고 있다. 게다가 최근 대형 유통업체들의 신규 출점에 따른 규제가 지속되고 있어 당분간 해당 점유율에 큰 변화는 없을 것으로 보인다.

이마트가 영위하는 연결종속회사

이마트는 대형마트를 주력 사업으로 운영하고 있지만, 연결종속회사들을 통해서 관광호텔업 및 면세업(신세계 조선호텔), 단체급식과 외식 및 식품유통업(신세계푸드), 슈퍼마켓(에브리데이리테일), 해외 대형마트(상해이매득초시유한공사 등), 부동산(신세계프라퍼티, 신세계투자개발)사업도 영위하고 있다. 이들 각각의 산업에 대해서도 참고로 익혀두면 도움이 될 수 있다.

신세계조선호텔은 1914년 시작된 호텔사업을 중심으로 외식 및 면세점 등으로 사업 영역을 확대하고 있다. 1970년 한국 최초의 특1급 호텔로 개관한 이후 1992년 '관광진흥 2,000만 달러 탑', 1994년 11월 '한국품질경영대상'을 수상했으며, 1996년에는 '세계 최고의 비즈니스 호텔' 선정을 비롯하여 1999년 '세계 100대 베스트호텔', 2000년 '아시아 5대 베스트 호텔', 2002년 뉴욕의 인스티튜셔널 인베스터 Institutional Investor가 주관한 '세계 100대 호텔', 2003년 '한국 5대 베스트 호텔', 2004년 홍콩의 금융전문지 아시아머니 Asia Money가 주관한 'Best Hotel in Seoul'로 선정되는 등 주목을 받아왔다.

2009년에는 신세계백화점 센텀점의 스파, 아이스링크, 골프연습장 등 레저시설 운영을 시작하였으며, 2011년 이후 스테이트타워 남산 오피스빌딩 위탁운영사업을 진행하고 있다. 또한 2012년 부산 최대 규모의 파라다이스면세점을 인수한 후 신세계면세점으로 사업장명을 변경하여 운영하고 있다. 2013년에는 김해공항 면세점 사업권을 획득하여 사업 확대를 위한 발판을 마련하였으며, 2015년에는 국내 최대 면세점인 인천공항 면세점 사업권을 획득하는 성과를 보였다.

신세계푸드는 그룹에서 식자재유통 및 급식업, 외식업을 담당하는 회사다. 최근 동 업종에 대해 대기업에 대한 규제와 책임이 강조되면서 실적 부진을 겪었다. 하지만 2014년 말 그룹의 베이커리 회사인 신세계SVN(구 조선호텔베이커리)과의 합병을 성공적으로 마무리하여 신세계그룹의 차세대 성장동력으로 '비전 2023'을 실현하고 글로벌 종합 식품회사로 성장할 수 있는 조직의 기틀을 마련하는 데 중점을 두고 있다.

에브리데이리테일은 이마트의 슈퍼마켓사업이다. 경기불황에 따른 소비시장의 침체와 정부의 규제 강화 등 어려운 시장 상황에도 불구하고 신규 점포를 꾸준히 오픈하는 한편, 슈퍼 전용 시스템을 도입하고 선진 물류 체계를 구축하여 지속적인 성장을 위한 발판을 마련하고 있다. 또한, 지역특화 협력사의 지속적인 개발과 산지産地매입 활성화 등 미래성장과 경쟁력 강화에도 힘쓰고 있다. 그 밖에도 1~2인 가구 증가 및 고령화로 소량 구매, 근린형 소비트렌드가 확산됨에 따라 이에 대응할 수 있도록 슈퍼마켓 전용 상품을 개발하는 등 상품경쟁력 강화에 역량을 집중하고 있다. 그리고 경쟁사 및 할인점과 경쟁할 수 있는 가격파괴 마케팅 강화, 온라인 및 전화 주문, 오프라인 배송시스템 확대 등 다양한 방법을 통해 지속적인 성장을 모색하고 있다.

이마트는 장기적으로 부동산 개발자로서의 역량을 강화하는 것도 미래의 큰 그림 중 하나로 그려둔 상황이다. 현재 소비자들은 단순 쇼핑공간이 아닌 쇼핑과 함께 문화, 여가, 엔터테인먼트를 동시에 즐길 수 있는 복합쇼핑공간을 선호하는 경향을 보이고 있다. 이에 신세계프라퍼티와 신세계투자개발은 소비자의 바람을 충족시키고 대한민국 유통의 발전적인 미래를 위해 대규모 교외형 복합쇼핑몰을 계획하고 있다.

복합쇼핑몰업은 기존 백화점 및 할인점과 같은 단순 쇼핑에서 벗어나 쇼핑뿐만 아니라 여가와 문화생활 등을 한 공간에서 즐길 수 있도록 다양한 형태의 유통 채널을 접목시킨 사업이다. 교외형 복합쇼핑몰은 삼송, 청라 등 국내 주요 지역에 세워질 예정이며 각 상권별 특성에 맞게 차별화된 콘셉트로 고객들에게 새롭고 풍요로운 쇼핑 경험을 선사할 예정이다.

복합쇼핑몰업은 시장포화로 인한 출점 감소, 정부의 규제 등으로 어려움을 겪고 있는 백화점과 할인점의 대안으로 향후 높은 성장이 예상된다. 신세계프라퍼티와 신세계투자개발은 향후 리테일 부동산 개발사로서 국내 상업용 부동산개발사업뿐만 아니라 효율적인 자산 운영 및 관리를 통해 부동산 가치를 극대화하는 역할을 할 것으로 기대된다.

앞으로 풀어나가야 할 해외 진출 과제

한편, 이마트는 1997년 처음 중국에 법인을 설립하여 2007년부터 중국 진출을 가속화했으나 현재는 일부 점포를 매각하고 구조조정을 진행하여 체질개선 작업을 진행 중에 있다. 중국은 1996년 까르푸 취양점을 시작으로 대형마트 형태의 유통업이 연안 대도시 위주로 급속하게 발전하였다. 최근 대형마트는 소비자들의 구매력이 빠르게 상승하는 3, 4급 도시로 확산되는 추세이며 기존의 오프라인 점포를 기반으로 온라인몰, 소형마켓 등 다양한 업태로 진출하고 있는 실정이다.

이마트는 중국 현지기업과 외자기업의 지속적 출점으로 인한 경쟁 열세로 2014년 매출액은 위안화^{RMB} 11억 9,700만으로 전년대비 약 12% 역신장하며 몇 년 동안 부진한 흐름을 이어오고 있다. 20여 개까지 출점했던 이마트 중국 점포는 2014년 말 9개로 감소한 상황이고 2015년에도 추가적인 점포 스크랩이 진행될 예정이다.

이런 결과는 중국 현지인들의 소비성향이나 입지 분석 등에 서툴렀음에도 불구하고 국내 성장의 한계를 우려해 성급하게 투자를 가속화했다는 평가를 받을 수밖에 없었다. 이는 이마트가 해온 사업 중 현재로서는 대표적인 실패 사례로 꼽힌다. 하지만 이마트는 이를 본보기 삼아 베트남 시장 진출에 심혈을 기울이고 있어 향후의 성장이 기대되고 있다.

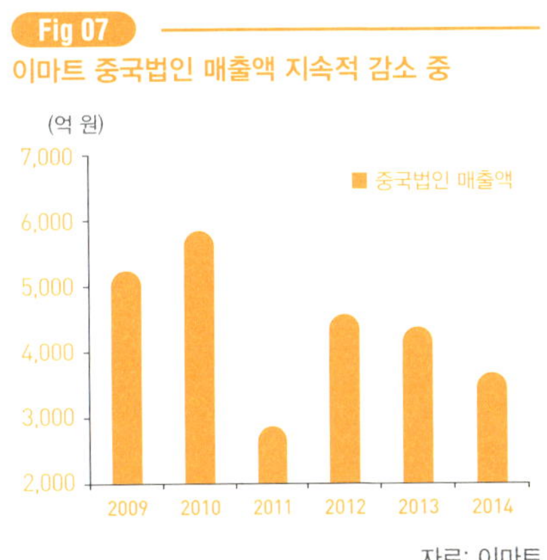

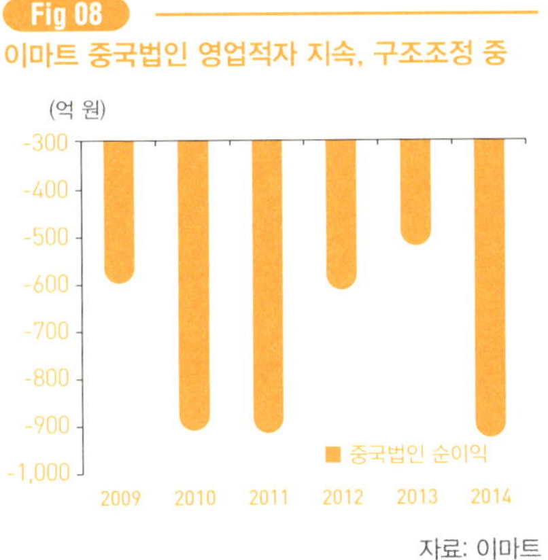

이마트의 사업 포트폴리오 구성과 시너지 전략을 알아봅시다.
이마트의 종속회사 구성을 보면 관광호텔업 및 면세업을 하는 신세계조선호텔, 단체급식과 외식 및 식품유통업을 하는 신세계푸드, 슈퍼마켓을 하는 에브리데이리테일, 해외 대형마트사업을 하는 상해이매득초시유한공사, 부동산업을 영위하는 신세계프라퍼티 및 신세계투자개발 등이 있습니다. 이들은 유통회사의 미래를 대비하기 위해 설립되었을 것입니다. 본문의 내용을 통해 각각의 회사가 이마트와 어떤 시너지 전략을 위해 설립되었는지 살펴보시기 바랍니다.

관련 자료 찾아보기 ❹
전자공시시스템 'DART', '이마트 사업보고서'

전자공시시스템 'DART'에 들어가서 이마트 사업보고서를 찾아보시기 바랍니다. 메뉴 중에 '사업의 내용'을 보면 각 계열사들에 대한 자세한 내용을 참고할 수 있습니다. 산업의 특성, 산업의 성장성, 경기변동의 특성, 경쟁 요소, 관련 법령 또는 정부의 규제 등으로 구분하여 정리해두고 있습니다. 기업을 분석할 때는 사업보고서가 가장 기본이 되므로 자주 활용하시기 바랍니다.

02

이마트보다 앞선
해외 업체는?

온라인쇼핑의 첨단화를 이끈 테스코

오프라인 이마트가 글로벌 벤치마크로 삼았던 회사는 월마트였던 것으로 알려져 있다. 온라인사업 확장을 꾀하고 있는 이마트는 현재 영국 테스코TESCO를 중요한 벤치마크 대상으로 삼고 있는 듯하다. 영국 주요 유통업체들의 온라인 식료품 판매액 중 테스코가 차지하는 비중이 2012년 기준으로 이미 37%에 달하기 때문이다.

테스코는 식품 전용 온라인몰이 가장 발달된 회사라는 평가를 받는다. 1996년 온라인몰사업을 시작하여 2000년부터 흑자로 전환, 성장이 하향안정화된 현재까지도 10년 넘게 매년 두 자리대 성장을 지속하고 있다. 또한 대다수의 온라인 식료품점들이 만성 적자에 시달리던 것과는 달리 테스코는 온라인몰의 흑자 전환 이후 꾸준히 수익성을 개선시켜 6~8%에 이르는 영업이익률을 달성하는 고수익 사업으로 성장시켰다.

온라인몰 성공의 키, 물류시스템

온라인 식료품의 성공 여부는 얼마나 신속하게 배달할 수 있고, 신선도를 유지할 수 있느냐가 핵심이다. 그런 점에서 테스코는 오프라인과 닷컴(온라인몰)이 시너지를 창출할 수 있도록 배송과 물류를 활용했다는 점이 성공 요인으로 꼽힌다. 또한 온라인 수요에 대응하기 위해 온라인 전용 포맷의 매장을 만드는 한편, 온라인 고객이 주문한 상품을 직접 픽업할 수 있는 드라이브스루Drive-Thru 존도 별도 설치함으로써 고객을 늘리는 한편 물류비도 절감하였다.

중요한 점은 이런 전략을 단계적으로 구사했다는 점인데, 처음부터 전국적으로 효율을 갖추려고 투자하기보다는 근거리 점포에서 배송되는 방식을 시작으로 전용 물류센터 및 픽앤팩(PP: Pick&Pack)센터를 설립, 이후 온라인 전용 매장까지 오픈하였다. 이는 이마트가 현재 진행하고 있는 온라인몰 전략과 유사한 것으로 보인다.

영국 TESCO사의 온라인몰 매출액 비중 상승세

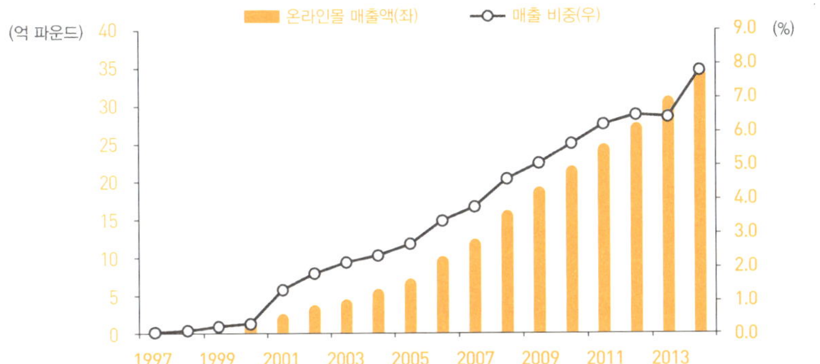

TESCO 온라인 식품 매출이 영국 온라인 식품시장 점유율 30% 넘어

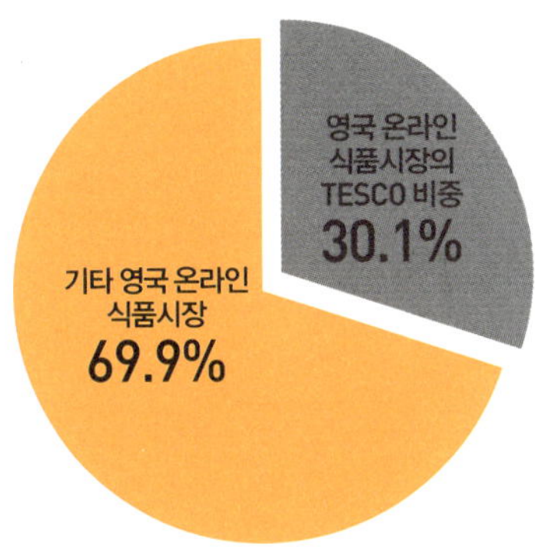

자료: eMarketer, TESCO

영국 TESCO 온라인몰사업의 단계별 전략 – 이마트도 이렇게 움직인다

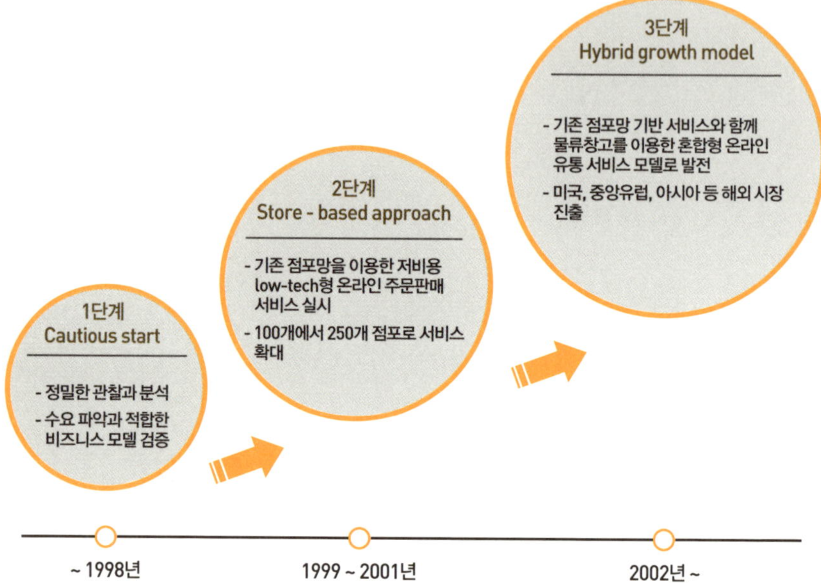

자료: TESCO

영국 온라인 식품 전문 업체들 주요 전략 비교

(2000년대 초 성장기 기준)

회사명	테스코Tesco	오카도Ocado	세인스버리Sainsbury's
회사 홈페이지	www.tesco.com	www.Ocado.com	www.sainsburystoyou.com
본사 위치	London, England	Hatfield, England	London, England
배송 지역	영국의 95% 커버	런던 중심부 및 런던 북부 120만 명 인구 밀집 지역	53개 점포 영국의 73% 커버
매출 규모	300억 달러(2001년) (온라인 5억 2,000만 달러)	약 10억 파운드	223억 달러 (온라인 1억 6,500달러)
배송비	5~10 달러	75파운드 이하: 5파운드 75파운드 이상: 무료	5 파운드
주문 포장 방법	근처 점포에서 수동	중앙 물류센터에서 준 전자동 방식	근처 점포에서 수동
배송 방법	근처 점포에서 배송	거점 물류 배송 방식	근처 점포에서 배송

회사명	앨버트슨즈Albertson's	마이웹그로서MWG	웹밴Webvan
회사 홈페이지	www.albertsons.com	www.mywebgrocer.com	파산
본사 위치	Boise, Idaho, U.S.	Chicago, IL, U.S.	Chicago, California(5개 본부), Portland, OR, Seattle, Dallas/ Ft. Atlanta
배송 지역	시애틀, 샌디에이고, 캘리포니아 남부, 포틀랜드, 샌프란시스코	26개 식료품 가게 및 체인점, 126개 개별 점포	
매출 규모	380억 달러 (온라인 2억 4,200만 달러)	온라인 4,000만 달러	1억 7,800만 달러(2000년)
배송비	9달러 95센트 픽업비: 4달러 95센트	D'Agostino: 10달러(75달러 이상일 경우 8달러) Lowe's: 19달러 95센트(픽업 비 4달러 95센트)	초기: 50 달러 이상일 경우 무료 수정: 75 달러 이상의 경우 무료
주문 포장 방법	근처 점포에서 수동	근처 점포에서 수동	중앙 본사에서 전자동
배송 방법	초기: 픽업서비스만 시행 후기: 6~8마일 이내 배송	픽업서비스 제한된 지역에만 배달	중앙 물류 배송 방식

자료: Hall(2001) and Tomlinson(2000), Koller(2001) and Urbanski(2001), Himelstein and Khermouch(2001) and Rizzo(2001)

해외 유통업체 재무 정보 요약

매출액 순위	회사명	소속 국가	그룹 총매출 (백만 달러)	그룹 순이익 (백만 달러)	영업 국가 수	매출액 연평균 성장률(%) (2008~2013)
1	월마트 Wal-Mart Stores	U.S.	476,294	16,695	28	3.3
2	코스트코 Costco	U.S.	101,156	2,061	9	7.7
3	까르푸 Carrefour	France	101,844	1,812	33	-3.0
4	슈바르츠 Schwarz Unternehmens	Germany	98,662	n/a	26	6.5
5	테스코 Tesco	U.K.	100,212	1,529	13	2.9
6	크로거 Kroger	U.S.	98,375	1,531	1	5.3
7	메트로 Metro	Germany	86,393	588	32	-0.9
8	알디 Aldi Einkauf	Germany	81,090	n/a	17	5.5
9	홈디포 Home Depot	U.S.	78,812	5,385	4	2.0
10	타겟 Target	U.S.	72,596	1,971	2	2.9
11	월그린 Walgreen	U.S.	72,217	2,450	28	4.1
15	아마존 Amazon.com	U.S.	74,452	274	14	26.7
17	이온 Aeon	Japan	64,271	835	10	3.9
19	세븐&홀딩스 Seven&i Holdings	Japan	56,600	1,890	18	-0.1
25	베스트바이 Best Buy	U.S.	42,410	523	5	-1.2
26	J 세인스버리 J Sainsbury	U.K.	38,076	1,138	1	4.8
40	롯데쇼핑 Lotte Shopping	S. Korea	25,955	810	6	17.5
51	콜스 Kohl's Corporation	U.S.	19,031	889	1	3.0
52	야마다덴키 Yamada Denki	Japan	18,921	199	7	0.2
82	J. C.페니 J. C. Penney	U.S.	11,859	-1,388	2	8.5
90	**이마트 E-MART**	**S. Korea**	**11,992**	**438**	**2**	**8.0**
158	오피스 디포 Office Depot	U.S.	11,242	-20	21	-4.7
216	GS리테일 GS Retail	S. Korea	4,332	110	1	7.4

자료: Bloomberg

 **이마트가 벤치마크한 테스코와 오카도에 대해 살펴봅시다.**

현재 이마트는 세계 5위 테스코의 온라인몰을 벤치마크로 삼고 있습니다. 하지만 이마트 관계자는 보다 직접적으로 영국의 온라인 유통기업인 오카도를 벤치마크하고 있다고 언급한 적이 있습니다(더벨, 2014년 9월 24일자). 오카도는 스스로 물류보다는 기술기업이라고 할 정도로 첨단 물류배송기술을 갖추면서 99%라는 높은 정시배달 성공률을 보여주는 기업입니다. 이마트도 2015년 현재 온라인 전용 물류센터로 보정몰센터를 열었고 이어 김포몰센터는 2015년 말, 장안몰센터는 2016년 하반기까지 완공할 계획으로 알려져 있습니다.

관련 자료 찾아보기 ❺
검색 키워드, 'ECMS', '오카도'

이마트의 온라인 전용 물류시스템을 'ECMS(Emartmall Center Management System)'라고 부릅니다. 이 시스템이 어떻게 돌아가는지 그리고 특징은 무엇인지 검색을 통해 체크해보시기 바랍니다. 또한 '오카도'를 키워드로 해서 어떤 전략으로 영국에서 성공할 수 있었는지 자세히 정리해보시기 바랍니다. 참고로 오카도라는 이름은 '아보카도'에서 유래했다고 합니다. 공동창업자 팀 슈타이너와 제이슨 기싱은 미국 투자은행 골드만삭스 출신입니다. 그들은 유통과 물류를 한 단계 '진화'시키는 것을 목표로 하고 첨단기술 개발에 역량을 집중한다고 합니다. 이는 이마트의 경쟁자도 더 이상 기존 유통업체만은 아닐 수 있다는 시사점을 주고 있습니다.

emart

경영 이슈:
행복한 쇼핑라이프를 위한
도전과 전략

인터넷쇼핑몰의 성장세는 가파르게 상승하여 이미 대형마트의 매출 규모를 뛰어넘는 수치를 보여주었습니다. 매장형 사업인 이마트가 앞으로 온라인쇼핑에 어떻게 대응하는지 주목해봐야 합니다. 또한 이마트만의 고객을 사로잡는 경영 전략과 비법이 무엇이었는지 알아보고, 규제와 영업 환경의 한계를 어떻게 뛰어넘어 최고의 자리를 지키고 있는지 살펴보겠습니다.

유통시장을 점령한
인터넷쇼핑몰

국내 소매시장의 지형 변화

국내 소매업은 1996년 유통업을 개방한 이후 꾸준히 성장하면서 시점별로 주도 업태가 바뀌는 모습을 보였다. 매출 비중을 기준으로 2003년까지 국내의 주력 소매업태는 슈퍼마켓이었다. 그다음이 백화점이었는데 백화점은 2002년을 기점으로 대형마트에게 2위 자리를 내주게 된다. 이는 1993년 첫 오픈 이후 IMF 외환위기를 기점으로 고속 성장을 보인 이마트의 기여가 크다. 2004년에는 대형마트가 슈퍼마켓까지 제치며 매출 1위로 올라섰고 이후 10여 년이 지난 올해까지도 대형마트는 단일 업태로 1위 자리를 지키고 있다.

이처럼 오랫동안 1위를 고수하던 대형마트를 위협하며 빠른 속도로 성장하고 있는 업태가 바로 인터넷쇼핑몰이다. 인터넷쇼핑몰 판매액은 2014년 40조 원에 육박하며 대형마트의 규모를 넘어 1위 업태로 처음 올라선 것으로 분석된다. 통계청 데이터상의 대형마트에는 면세점 매출액이 포함되어 있기 때문에 이를 제외한 순수 대형마트 매출액만 산출하면 이제 인터넷쇼핑몰 규모에 못 미친다는 판단이다. 국내 인터넷쇼핑몰의 역사가 15년 남짓 되는 시점이니 만큼 규모뿐 아니라 수익성에 있어서도 기대할 만한 업태로 발전하고 있다는 점에 주목할 필요가 있다.

온라인쇼핑으로 몰려드는 유통 채널

통계청에서 소매업태의 하나로 분류하고 있는 인터넷쇼핑몰은 온라인쇼핑몰, 통신판매매체 등 여러 용어로 쓰인다. 온라인쇼핑은 무점포 판매업의 대부분을 형성하고 있는데 크게 인쇄, 방송, 전자매체를 통해 판매가 이루어지는 채널을 의미한다. 이 중에서도 특히 TV홈쇼핑, 온라인쇼핑, 카탈로그쇼핑, 모바일쇼핑이 주력이며 이를 모두 운영하는 대표적인 업체가 홈쇼핑들이다.

최근에는 TV홈쇼핑과 카탈로그쇼핑을 제외하고는 오프라인 유통업체들까지도 인터넷쇼핑몰에 적극적으로 진출하여 세를 확장하고 있다. 이처럼 많은 유통업체들이 e 채널에 투자하고 뛰어드는 것은 오프라인과 달리 출점비가 적게 들고, 시간 및 공간의 제약이 없다는 장점에 더해 인터넷 사용 인구 및 스마트폰 이용률 또한 급증함에 따라 영업 환경이 우호적인 방향으로 빠르게 바뀌고 있기 때문이다.

인터넷쇼핑몰은 매출 1위 업태로 올라서기까지 일명 '돈이 되는 사업'이라는 인식을 주진 못했다. 실제로 온라인쇼핑사업은 오프라인 대비 영업이익률이 낮은 편이다. 그나마 백화점과 입점 수수료율이

Fig 14

소매업태별 규모, 비중, 성장률 추이 – 인터넷쇼핑몰이 15년 만에 대형마트 제쳐

(단위: 조 원)

규모	2000	2001	2002	2003	2004	2005	2006	2007
소매업	168	185	208	205	212	170	178	190
백화점	16	17	18	18	17	18	19	19
대형마트	12	16	20	22	25	27	29	32
슈퍼마켓	21	22	23	23	23	23	24	25
편의점	1	2	3	3	4	4	5	5
인터넷쇼핑몰		3	6	7	8	11	13	16
재래시장 등	110	118	129	124	128	81	83	89

(단위: %)

매출비중	2000	2001	2002	2003	2004	2005	2006	2007
소매업	100.0	100.0	100.0	100.0	100.0	100.0	100.0	100.0
백화점	9.3	9.2	8.9	8.7	8.1	10.5	10.5	10.2
대형마트	7.2	8.5	9.6	10.8	11.6	15.8	16.3	16.9
슈퍼마켓	12.6	11.7	10.9	11.3	10.9	13.8	13.6	12.9
편의점	0.8	1.0	1.3	1.7	1.8	2.5	2.6	2.7
인터넷쇼핑몰		1.8	2.9	3.4	3.7	6.3	7.6	8.3
재래시장 등	65.7	63.6	62.3	60.6	60.7	47.7	46.6	46.7

(단위: %)

성장률	2000	2001	2002	2003	2004	2005	2006	2007
소매업	12.8	10.4	12.1	-1.0	3.0	-19.6	4.7	6.5
백화점	12.5	9.1	8.7	-3.0	-4.3	4.0	5.5	3.1
대형마트	38.7	31.3	26.2	12.1	10.2	9.5	8.3	10.3
슈퍼마켓	3.9	2.9	4.1	2.6	-0.4	1.4	3.6	1.3
편의점	23.1	50.3	44.2	22.9	10.8	11.4	7.9	11.1
인터넷쇼핑몰			80.2	17.0	10.1	37.4	26.1	17.1
재래시장 등	5.1	6.8	9.9	-3.7	3.2	-36.8	2.2	6.9

비슷한 수준인 TV홈쇼핑도 영업이익률 기준으로는 3~5 %p 차이가 난다. 그 이유는 두 업태가 매출총이익률은 비슷하지만 TV홈쇼핑사들의 경우 높은 케이블 TV 수수료[50] 부담을 안고 있기 때문이다. 한편, 인터넷쇼핑몰은 수수료율에서 이미 오프라인과 큰 격차를 보여 영업

(단위: 조 원)

규모	2008	2009	2010	2011	2012	2013	2014	2015
소매업	201	212	230	250	260	264	281	288
백화점	20	22	25	28	29	30	32	31
대형마트	34	35	38	42	44	45	48	49
슈퍼마켓	27	28	30	32	34	36	37	38
편의점	6	7	8	9	11	12	13	13
인터넷쇼핑몰	18	21	25	29	34	38	45	53
재래시장 등	91	94	101	106	106	103	102	104

(단위: %)

매출비중	2008	2009	2010	2011	2012	2013	2014	2015
소매업	100.0	100.0	100.0	100.0	100.0	100.0	100.0	100.0
백화점	10.0	10.5	10.7	11.0	11.2	11.3	11.4	10.8
대형마트	17.0	16.7	16.6	16.9	17.1	17.1	17.2	17.0
슈퍼마켓	13.5	13.3	13.0	13.0	13.1	13.6	13.2	13.1
편의점	2.9	3.1	3.4	3.7	4.2	4.4	4.7	4.7
인터넷쇼핑몰	9.0	9.7	10.9	11.6	13.1	14.6	16.1	18.3
재래시장 등	45.4	44.4	43.6	42.4	40.6	38.9	36.5	36.0

(단위: %)

성장률	2008	2009	2010	2011	2012	2013	2014	2015
소매업	5.7	5.6	8.8	8.3	4.1	1.6	6.4	2.5
백화점	4.1	10.0	11.6	11.4	5.5	2.4	7.9	-2.8
대형마트	6.1	3.7	8.1	10.7	5.1	1.6	6.8	1.5
슈퍼마켓	10.0	4.2	6.2	8.5	4.8	5.3	3.6	2.0
편의점	16.1	13.2	17.6	17.9	18.3	7.8	13.6	0.5
인터넷쇼핑몰	15.1	13.8	22.1	15.4	17.2	13.0	17.5	16.5
재래시장 등	2.6	3.4	6.8	52	-0.2	-2.9	-0.1	1.3

자료: 통계청

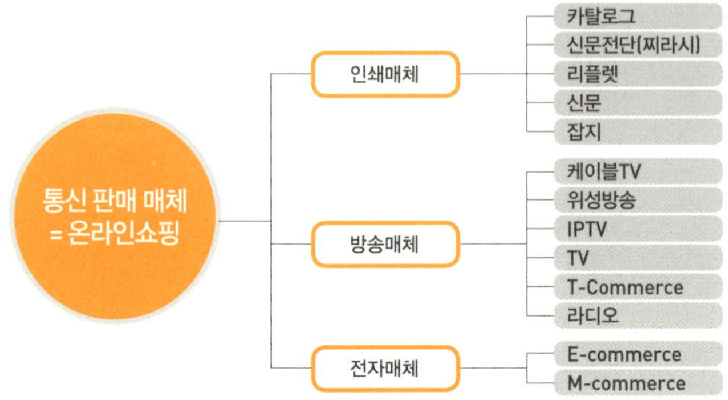

자료: 한국온라인쇼핑협회

이익률 1~3%를 달성하기가 매우 어려운 수익구조를 가지고 있다. 오프라인과 인터넷쇼핑몰의 수수료율이 큰 격차를 보이는 까닭은 동시에 많은 상품들이 노출되는 온라인의 경우 오프라인 대비 광고효과가 그만큼 떨어져 매출 효율이 낮기 때문이다. 또한 인터넷쇼핑몰은 가격을 비교하기가 용이하기 때문에 가격을 낮추려는 출혈경쟁이 잦아 이익률 하락에 영향을 준다.

온라인쇼핑에서의 성공 요인은 크게 세 가지로 압축된다. 첫째는 가격비교가 무의미한 상품 차별화이고 둘째는 물류 효율화 그리고 마지막 품질, 결제 및 반품에 대한 신뢰성이다. 이를 갖춘 업체들은 성장성과 수익성을 동시에 꾀할 수 있으며 특히 대형 유통업체들이 온라인사업 체계를 갖추기 시작했다는 사실이 주목할 점이다.

인터넷쇼핑몰 거래액 비중을 상품군별로 살펴보면 연도별로 감소,

정체, 증가하는 항목들로 나눠볼 수 있다. 꾸준히 감소하는 항목으로 컴퓨터, 가전, 서적을 들 수 있고 정체된 항목으로는 패션, 농수산물이 꼽힌다. 반면, 여행 및 예약서비스와 음식료품은 거래액 비중이 꾸준히 증가하고 있는 항목이다. 음식료의 판매 비중은 증가함에도 불구하고 농수산물 비중이 정체돼 있는 것은 신선식품이 온라인쇼핑으로 유통되기에는 신뢰와 물류상의 문제가 있기 때문인 것으로 보인다.

가전, 컴퓨터 등 상품의 매출 비중이 감소하는 것은 수익성이 낮은 대표 항목들인 까닭에 주요 업체들을 중심으로 동 상품에 대한 노출을 줄이고 있기 때문이다. 이는 관련 시장의 경쟁이 오히려 완화되고 있는 것으로 볼 수 있다. 여행상품의 거래 비중은 계속 증가하고 있어 관련 업체들에는 꾸준한 수혜가 기대된다. 이처럼 기본적인 데이터만으로도 업체별 영향을 추론해볼 수 있다.

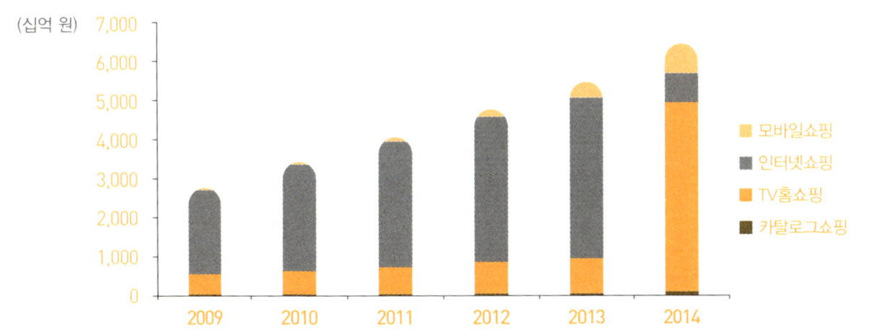

자료: 한국온라인쇼핑협회

국내 인터넷쇼핑몰 거래액 – 연간 45조 원 돌파

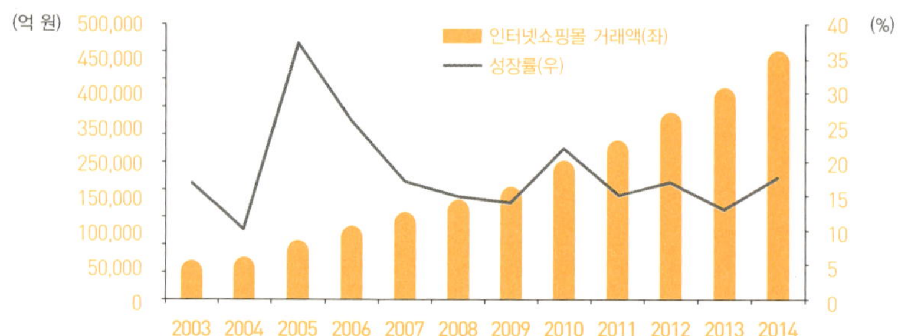

자료: 통계청

상품군별 인터넷쇼핑몰 거래액 비중 추이(감소 항목) – 서적, 가전 비중 감소

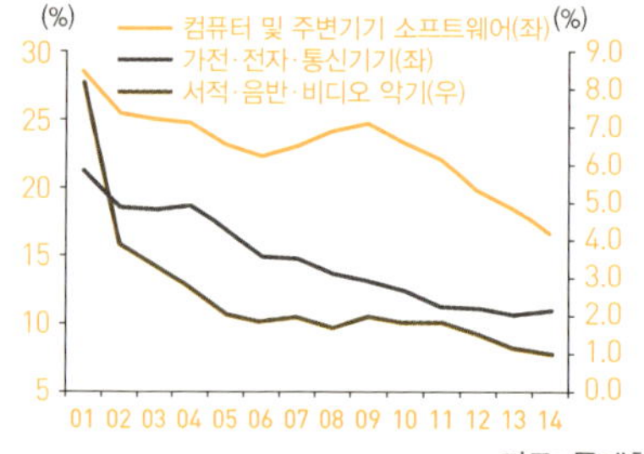

자료: 통계청

상품군별 인터넷쇼핑몰 거래액 비중 추이(정체 항목) – 의류, 농수산물 정체

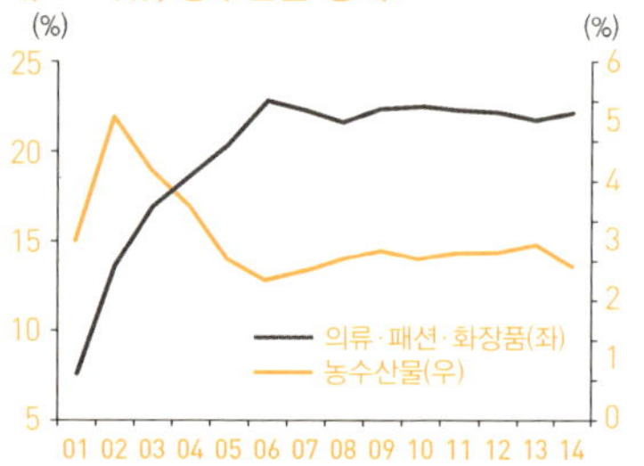

자료: 통계청

상품군별 인터넷쇼핑몰 거래액 비중 추이(증가 항목) – 음식료품, 여행 지속 증가

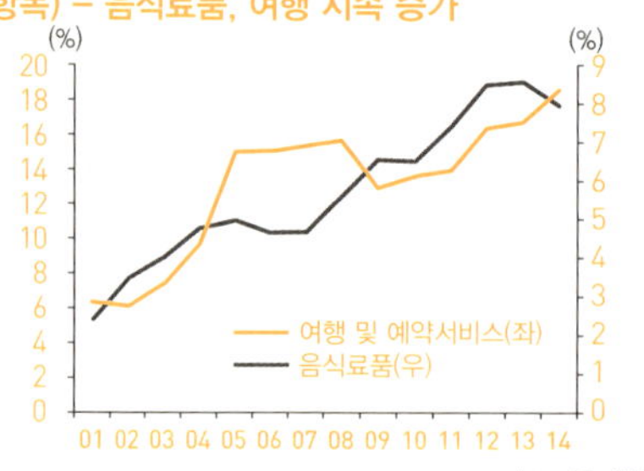

자료: 통계청

상품군별 인터넷쇼핑몰 거래액 비중 – 먹거리 온라인쇼핑 비중에 주목해야 (2014년 기준)

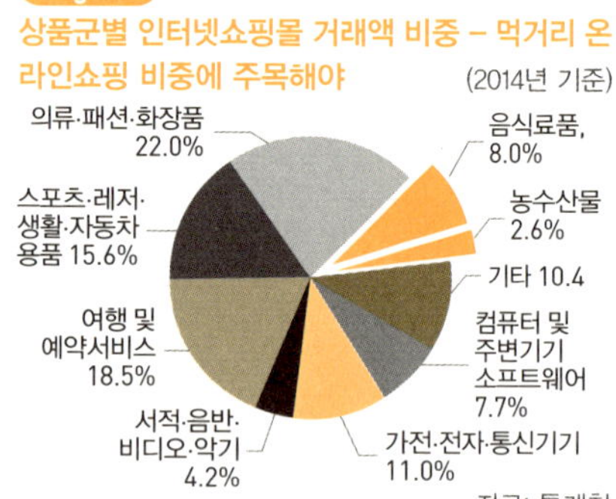

자료: 통계청

국내 인터넷쇼핑몰 주요 사업자 현황과 각각의 특징을 알아봅시다.
인터넷쇼핑몰이 15년의 짧은 역사에도 불구하고 높은 성장세를 보이면서 2014년 단일 채널 기준으로 유통 1위 자리(대형마트 매출에서 면세점 제외 시)를 차지한 것으로 추정되고 있습니다. 이마트몰을 운영하고 있는 이마트도 2010년 홈페이지 리뉴얼을 통해 온라인을 통한 매출 확대에 전력을 다하는 모습입니다. 이런 추세를 감안하여 국내 인터넷쇼핑몰 주요 사업자 현황과 특징을 명확하게 이해할 수 있게 각각의 홈페이지를 방문해서 인터페이스, 구매욕구 자극도, 이용의 편리성, 디스플레이 방법 등 다양하게 비교·분석해보시기 바랍니다.

관련 자료 찾아보기 ❻
검색 키워드, '월마트'

　세계 최대 유통회사인 월마트(www.walmart.com) 홈페이지를 방문해서 특징들을 체크해보고 이마트몰과 비교·분석해봅시다. 참고로 월마트는 아마존이 식료품사업을 확대하는 것에 대응하기 위해 2011년부터 온라인 사업에 본격 뛰어들었습니다. 특히 전 유통산업의 아마존화를 뜻하는 '아마조니피에이션Amazonifiation'에 적극 대응하면서 매장에서 보고 온라인에서 주문하는 '쇼루밍Showrooming'의 유행으로 아마존이 큰 성장을 거듭하자 온라인에서의 정면 대결을 선언하게 된 것입니다. 승부는 누가 보다 혁신적인 물류 체계와 배송 그리고 온라인 플랫폼의 경쟁력을 갖출지 여부에 달려 있다는 평가입니다. 이마트 비즈니스를 보다 체계적으로 이해하려면 세계 최대 유통기업들의 물류 및 배송 시스템, 그리고 그들의 사업 전략 등에 대한 밀도 있는 분석이 뒷받침될 필요가 있습니다.

모바일쇼핑시장의 급부상

국내에 아이폰이 보급되면서 스마트폰시장이 크게 성장했다. 이에 따라 무선인터넷 이용률도 급증하였고 온라인 쇼핑객들의 행태에도 많은 변화가 일어나고 있다.

2012년 국내 무선인터넷 이용률은 이미 87%에 달하고 있으며, 이는 전년대비 21.8%p 증가한 수치로 지속적으로 증가하고 있다. 연령별로는 단연 20대의 무선인터넷 이용률이 99.4%로 가장 높지만, 40~50대의 무선인터넷 이용률이 전년대비 상대적으로 크게 증가(각각 31.4%p, 35.2%p)하여 전 연령층으로 사용률이 확대되고 있다.

무선인터넷 이용자의 90.3%가 스마트폰을 통해서 무선인터넷에 접속하고 있기 때문에 무선인터넷 사용률 확대는 곧 스마트폰 보급률 확대와 직결된다. 이처럼 스마트폰을 이용한 인터넷 접속률 증가는 온라인쇼핑을 이용하는 기기에도 영향을 미친다. 데스크탑 컴퓨터를 이용한 인터넷쇼핑 비중은 감소하는 반면, 스마트폰 이용률은 높아지는 추세다.

이러한 소비행태 변화에 발맞추어 주요 유통사들은 모두 스마트폰 애플리케이션을 통해 모바일쇼핑으로의 확대를 도모하고 있다. 인터

국내 유통업계 모바일 애플리케이션 운영 현황

업태	인터넷몰 (C2C 위주)						
업체명	G마켓	11번가	옥션	인터파크(쇼핑/도서/티켓/항공)			
APP	G market	11ST	A MOBILE	INTERPARK 쇼핑	인터파크	인터파크	
업태	홈쇼핑 인터넷몰 (B2C)						
업체명	GS SHOP	CJmall	Hmall	롯데홈쇼핑	홈&쇼핑		
APP			Hmall	LOTTE Homeshopping	홈&쇼핑		
업태	백화점 인터넷몰						
업체명	롯데백화점	엘롯데	롯데닷컴	현대백화점	신세계 백화점	신세계몰	신세계 프리미엄 아울렛	갤러리아 백화점
APP	LOTTE DEPARTMENT STORE	el LOTTE	LOTTE.com	HYUNDAI 현대백화점	SHINSEGAE	SHINSEGAE MALL	PREMIUM OUTLETS	the Galleria
업체명	갤러리아몰	AK PLAZA 백화점	AK몰					
APP	the Galleria	AK PLAZA	AK MALL					
업태	할인점 및 슈퍼						
업체명	이마트몰	홈플러스	롯데마트	롯데슈퍼			
APP	e	Home plus	LOTTE Mart	LOTTE Super			
업태	소셜커머스						
업체명	쿠팡	위메프	티몬	그루폰	CJ오클락		
APP	coupang	W	TMON	GROUPON.kr	O'CLOCK		

자료: 각 사

넷 및 모바일쇼핑시장이 급성장함에 따라 주요 유통업체들이 이에 대응하며 제2의 성장을 꾀하고 있는 것이다.

모바일쇼핑시장에 유통사들이 주목하는 이유는 기존 오프라인 또는 PC 기반 인터넷쇼핑몰 이용객들이 모바일로 빠르게 이전되고 있기 때문이다. 특히 홈쇼핑사들이 모바일 채널에 매력을 느끼는데, TV홈쇼핑 상품 노출을 확대할 수 있으면서 동시에 케이블TV 수수료가 없는 채널이기 때문이다. 모바일은 마진이 높은 TV상품을 인터넷보다 효과적인 광고 형태로 판매할 수 있다는 점에서 인터넷보다 수익성이 높은 사업이다.

오프라인 유통업체 입장에서는 모바일이나 인터넷쇼핑몰은 배송비용에 대한 부담이 새롭게 생기긴 하지만, 출점으로 인한 투자비(입지 분석, 토지 구입, 건축비, 운영비 등)를 감안하면 온라인몰의 활성화는 이익률을 높일 수 있는 매력적인 전략이다.

다만, 기존에 출점해둔 오프라인 매장들을 잠식Carnivalization시키지 않아야 한다는 과제를 안고 있다. 그러려면 자사 고객들이 오프라인에서 온라인으로 넘어오는 것보다 타사 고객들이 자사 온라인몰로 유입되는 수가 훨씬 많아야 한다. 따라서 온라인몰사업을 확대하는 사업자들은 트래픽 점유를 통해 채널에 대한 로열티를 높이기 위한 투자성 비용을 집행하고 있다.

이는 마케팅비라는 명목에서 이루어지는 행위다. 하지만 아직은 국내 인터넷, 모바일쇼핑 채널들 간의 상품 차별화가 명확하지 않은 상황이라, 로열티를 높이고자 하는 각종 비용 지출이 지속성을 가질 수 있을지에 대한 고민은 필요하다는 생각이다.

모바일의 급속한 성장과 각 유통 채널의 대응 전략을 살펴봅시다.
온라인쇼핑 채널 중에서도 모바일의 성장세가 가파른 상황입니다. PC를 기반한 온라인 판매는 오히려 줄어드는 추세인 반면 모바일쇼핑은 2015년 기준 70% 내외의 성장세를 예상하는 상황입니다(한국온라인쇼핑협회 추정). 모바일쇼핑 비즈니스, 즉 M커머스Mobile Commerce는 '엄지족'을 누가 먼저 잡느냐에 따라 매출이 결정되므로 백화점, 마트, 홈쇼핑 등 모든 유통 채널들이 사활을 걸 정도로 적극 확대하고 있는 상황입니다. 지하철, 출퇴근길, TV시청 시간 등 시간과 장소에 구애받지 않는 '내 손 안의 쇼핑 천국'을 누가 어떻게 선점할 것인지 고민하지 않을 수 없습니다. 특히 소셜 커머스의 등장은 이마트로서 넘어야 할 새로운 경쟁자가 나타난 것이기도 합니다. 모바일의 급속한 성장과 이에 따른 각 유통 채널들의 대응 전략을 잘 살펴보시기 바랍니다.

관련 자료 찾아보기 ❼
검색 키워드, '온라인쇼핑 트렌드', '모바일쇼핑 현황'

'온라인쇼핑 트렌드', '모바일쇼핑 현황' 등의 키워드로 최근 흐름을 정밀하게 살펴보시기 바랍니다. 특히 모바일쇼핑이 성장함에 따라 '이마트는 어떤 고민을 하게 될까?'라는 질문을 던져보시기 바랍니다. 모바일쇼핑의 영역이 점점 광범위해진다면 이마트몰 운영에 어떤 선제적인 대응 전략이 요구되는지 생각해봐야 한다는 것입니다. 물론 이마트몰은 푸드와 라이프라는 큰 카테고리 안에 과일, 채소에서부터 음반, 컴퓨터, 패션, 향수 등에 이르기까지 일상과 관련된 모든 아이템을 장악하고 있습니다. 하지만 온라인에서는 수많은 카테고리에 대해 경쟁 몰들과 어떤 차별화를 이룰 것인지, 그리고 재구매나 패키지 판매 촉진을 온라인에서 어떻게 구현할 것인가에 대해선 오프라인과는 전혀 다른 접근이 요구될 것입니다. 명확한 해법을 찾아야 한다는 것이 아닙니다. 대신 사실관계를 되도록 많이 파악하고 그 바탕 위에서 '이런 것이 중요할 수 있겠다', '이럴 수도 있지 않을까?' 혹은 '이렇게 하면 더 전략적이지 않을까?' 하는 식으로 문제의식 내지는 가벼운 관점을 가져보라는 것입니다. 이런 디테일한 가정들을 능동적으로 설정하다 보면 자연스럽게 관련 지식이 장착되면서 자신만의 시각도 점차 갖춰나갈 수 있기 때문에 취업경쟁력을 높이는 데 유용할 것입니다.

02

온라인쇼핑에 대비하는
이마트

온라인쇼핑사업 육성에 박차를 가하는 이마트

이마트도 이러한 변화의 소용돌이 속에서 일찌감치 온라인몰 육성에 힘써왔다. 이마트 역시 오프라인 고객들을 잠식시키지 않는 수준에서 온라인몰의 트래픽 확대를 위해 갖은 전략을 구사하고 있고, 이에 대한 전략은 2014년 온라인 전용 물류센터 오픈을 기점으로 더욱 명확해진 것으로 보인다.

대형마트업계는 이미 수년 전부터 출점을 통한 고성장에 한계를 맞이했다. 대체 방안으로 기업형 슈퍼마켓 출점에 주력했으나 중소상인들의 반발에 부딪혀 성장이 쉽지 않은 상황이다. 이에 더해 2013년부터 대형마트 강제휴무가 시작됨에 따라 기존 매장의 성장률이 역신장하기에 이르렀다. 이러한 여러 난관에 대비해 이마트는 온라인몰 확장에 앞장섰지만 높은 외형 성장에 비해 손실폭이 줄어드는 속도는 실망스러웠다. 하지만 최근 이마트가 보다 체계화된 전략과 전술을 바탕으로 오프라인과 온라인의 수익성 개선을 예고하고 있어 귀추가 주목된다. 먼저 온라인몰의 경우 '식품 전문 온라인몰'이라는 전략을 중심으로 수도권을 커버할 온라인 전용 물류센터와 도심을 담당할 PP센터를 확대 중이라는 점이 눈에 띈다.

국내 음식료 판매액 중 이마트가 차지하고 있는 비중은 2014년 기준으로 8%에 이르는 것으로 분석된다. 이미 작은 규모라 볼 수는 없지만, 이마트가 국내 대형마트시장의 29%를 점유하고 있는 1등 업체이며 대형마트 매출의 55%가 음식료품임을 감안하면, 음식료품 소싱에 대한 국내 최고 능력을 갖추고 있는 이마트로서는 해당 시장에서 성장 여력이 높다고 볼 수 있다.

물론 이마트몰은 오프라인 고객의 이전(제살깎기)에 따른 성장이 불가피하겠지만 이보다도 첫째, 단기적으로 이마트보다 경쟁 대형마트나 슈퍼마켓이 가까운 고객들 중 잠재적 온라인 쇼핑객을 유입시킬 수 있을 것이라 예상하며 둘째, 중장기적으로는 이에 더해 재래시장의 일부 고객까지 유입시킬 수 있다는 판단이다. 단기적으로 이마트로부터 먼 거리에 주거하는 고객들을 온라인으로 유입시키고, 중장기적으로는 재래시장 고객과 기존 타사 온라인 식품 거래 고객까지 유입시킬 수 있을 것이라 예상된다.

이런 예측이 가능한 이유는 이마트몰이 식품 전문, 특히 신선식품에 강점을 가진 온라인몰로 특화될 것이라는 점 때문이다. 품질과 원산지, 신선도가 중요한 신선식품의 경우 가격을 비교하는 것이 크게 의미가 없으며, 이를 효율적으로 소싱하여 배송하기에는 분명 진입 장벽이 존재하는 사업이기에 이마트의 역량이 돋보일 수 있는 부분이다. 실제로 이마트 오프라인 매장의 55%가 신선 및 가공식품인 반면 온라

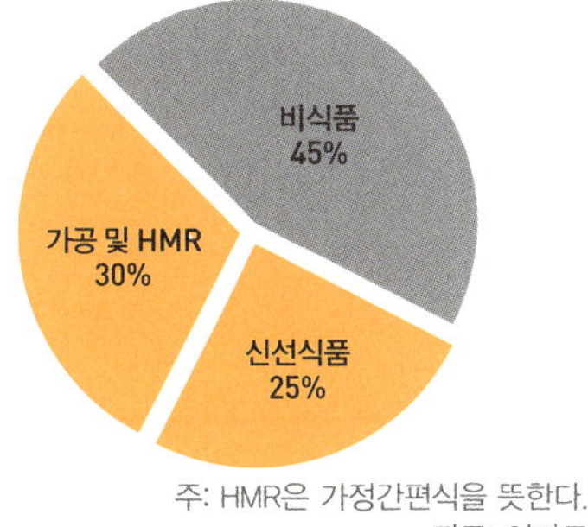

Fig 25

이마트 오프라인 매장의 상품 구성
– 오프라인 매장에서의 식품판매 비중은 55%

주: HMR은 가정간편식을 뜻한다.
자료: 이마트

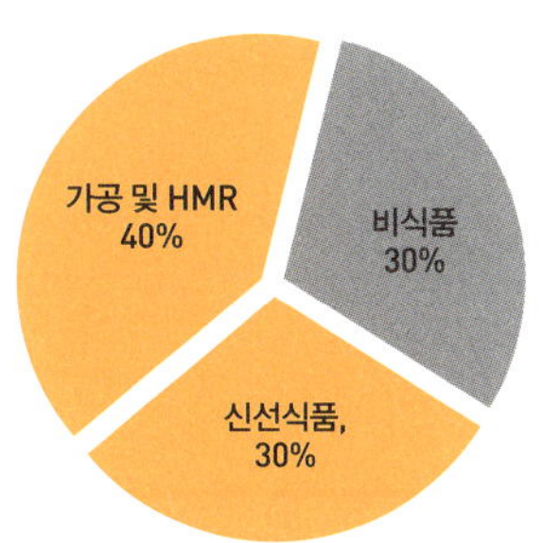

Fig 26

이마트 온라인몰의 상품 구성
– 온라인몰에서의 식품판매 비중은 70%로 높아

자료: 이마트

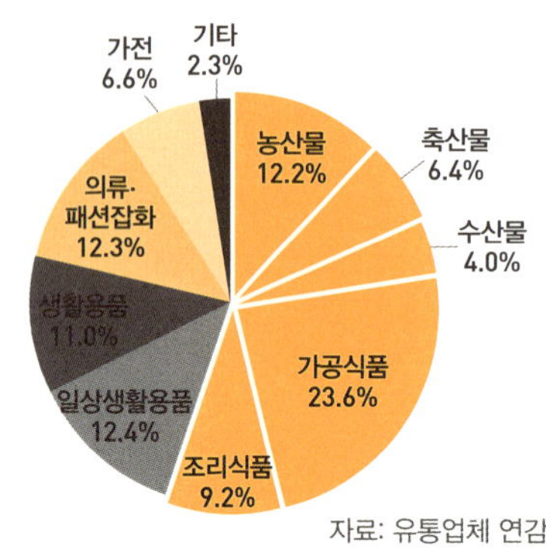

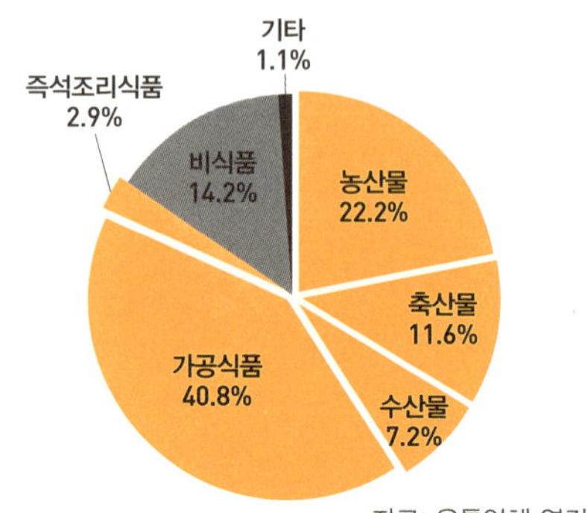

인몰의 경우 동 비중이 70%에 육박한다. 배송 효율을 갖추게 되면 이마트몰의 성장은 물론이고 수익성 향상까지 기대할 수 있다.

이마트는 2004년에 인터넷쇼핑몰을 오픈한 이후 2010년 말 대대적인 리뉴얼을 단행했다. 하지만 여타 인터넷쇼핑몰들이 업체 직배송 방식으로 운영하는 것과 달리, 이마트몰은 자체 재고를 가지고 픽앤팩 과정을 거쳐 출고해야 하는 까닭에 배송과 관련된 처리 능력이 필요했다. 이를 온라인 전용 물류센터를 통해 강화하고 있는데, 현재 용인의 온라인 전용 물류센터는 해당 수도권 지역 내 15개 점포의 기존 온라인 주문 건을 소화할 수 있으며, 이로 인해 당일 배송률도 25%에서 45%까지 개선되었다. 향후 2016년까지 2개 물류센터가 추가로 건립되면 서울 및 수도권 지역 온라인 주문 건을 상당 부분 처리할 수 있고, 기존 점포들의 효율 및 온라인몰 성장에 큰 기여를 할 수 있을 전망이다.

이마트 물류센터 현황

(단위:억 원)

센터명	소재지	토지 장부가액	건물 장부가액
대구물류센터	대구시 달서구	85	128
시화물류센터	경기도 시흥시	91	160
여주물류센터	경기도 여주군	278	683
용인물류센터	경기도 용인시	53	17
미트센터	경기도 광주시	87	153
후레쉬센터	경기도 이천시	299	704
보정몰센터	경기도 용인시	288	38
소 계		1,181	1,882

자료: 이마트

이마트 핵심 물류센터 주요 내용 요약 – 이마트 매출총이익률 개선의 주역

센터명	소재지	토지 장부가액	건물 장부가액
오픈	2012년 8월	2011년 8월	2014년 5월
위치	경기도 이천	경기도 광주	경기도 용인시 보정동
카펙스 Capex	900억 원	150억 원	
기능	계절 과일 상품 위주 보관	축산물 보관	온라인 전용 배송 센터
매출 규모	전체 과일 매출의 20% (1,000억 원 추정)	전체 축산물 매출의 58% (2,400억 원 추정)	
경쟁력	- 자동선별기를 이용한 자동 선별 및 당도 측정 - CA(Controlled Atmosphere) 설비를 통한 농산물 장기 저장 가능 - 생산자와의 직거래로 유통 단계 축소(4~5단계 → 2단계)	- 국내 최초와 최대 규모의 자동화 최첨단 설비 - 축산물 매입 단계 7단계에서 4단계로 축소 (중간 상인 및 도매상 대체)	- 인터넷과 모바일 전용 물류센터 - 서울과 경기 남부권 점포의 온라인 주문 및 배송 전담 - 완전 자동화 시스템으로 운영 (하루 1만 건의 주문 및 배송 처리)
유발 효과	과일 부문 이익률 0.5%p 상승 채소 부문 이익률 0.7%p 상승	인건비 절감 판매 단계 축소를 통한 마진 확대	배송 효율 2배 이상 증가
중장기 계획	생산 카파 확대: 현재 950억 원 → 2015년 1,500억 원 → 최대 2,100억 원	생산 물량 확대: 2012년 2,660억 원 → 2013년 2,870억 원 → 2015년 3,100억 원 Meat Center(미트센터) 비중 확대: 현재 58% → 65%	
공통 사항	물류센터 운영을 통해 신선식품 부문 매년 0.5%p의 성장률 개선 효과 기대 단기 효과는 마진 개선에 따른 수익성 향상 장기적으로 상품경쟁력 강화로 고객 유치 유도		

자료: 이마트

이마트 온라인몰 매출액 추이 – 온라인 전용 물류센터 이후 온라인몰 매출액 고성장 선회

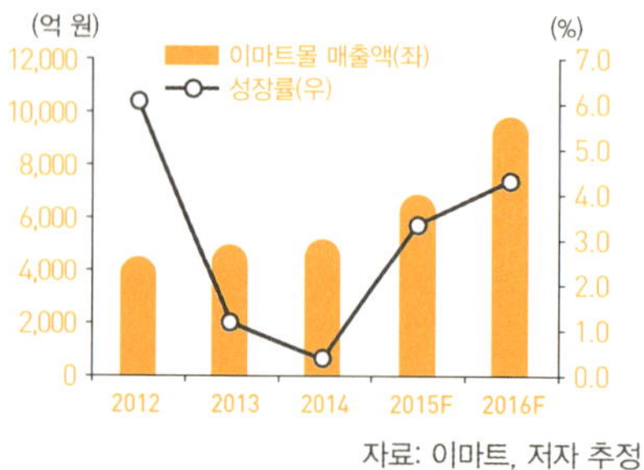

자료: 이마트, 저자 추정

이마트 온라인몰 영업이익 및 영업이익률 추이 – 이마트 온라인몰 아직은 영업적자

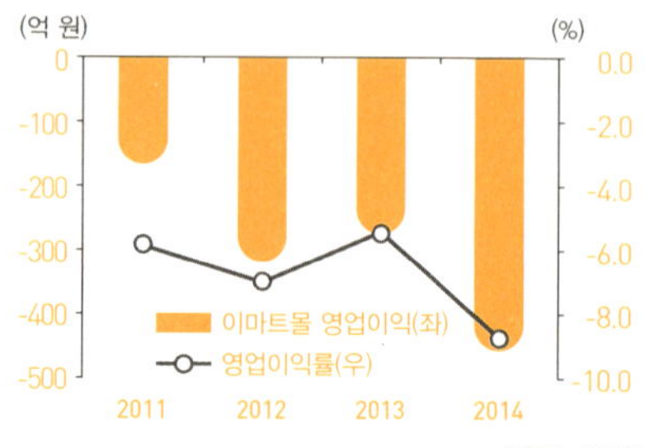

자료: 이마트

이마트 기타 신사업 매출액 추이 – 온라인몰 외에 트레이더스 등 신사업 확장에 주력

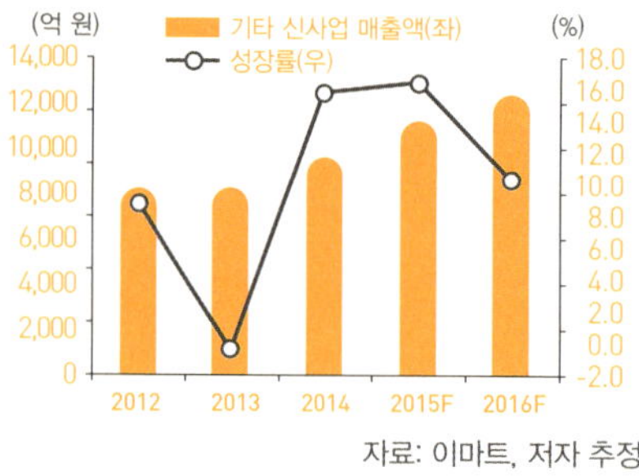

자료: 이마트, 저자 추정

이마트 기타 신사업 영업이익 및 영업이익률 추이 – 온라인몰 제외한 신사업은 영업이익에 기여 중

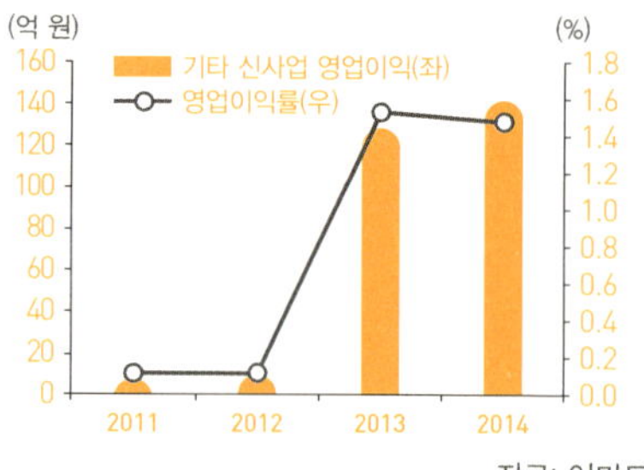

자료: 이마트

멘토의 Tip ⑧ 　 인터넷쇼핑몰 전략 이해하기

이마트의 인터넷쇼핑몰 전략을 이해합시다.

이마트의 인터넷쇼핑몰은 초기 투자비용이 선행되어야 하는 관계로 아직 흑자 단계는 아닙니다. 하지만 이마트의 성장을 위해서는 반드시 인터넷쇼핑몰에서의 성공이 담보되어야 할 것입니다. 이를 위해 영국

테스코와 오카도의 비즈니스 전략과 물류배송시스템을 벤치마크하고 있죠. 이마트의 전략은 1단계로 이마트와 원거리 주거 고객들을 온라인으로 유입시키고, 2단계는 재래시장 고객, 기존 타사 온라인 식품거래 고객을 겨냥한다는 것입니다. 그렇다면 이런 전략을 구체적으로 실천하기 위해서는 어떤 방법들이 필요한지를 생각해야 합니다. 면접에서 가볍게라도 이런 질문이 주어진다면 어떻게 대답할 것인지 준비해둘 필요가 있기 때문입니다.

관련 자료 찾아보기 ❽
검색 키워드, '프로슈머'

이마트 인터넷쇼핑몰 전략에 대한 구체적인 방법을 떠올릴 수 있는 접근 방법은 크게 두 가지가 있습니다. 하나는 거시적으로 접근해보는 것입니다. 이마트 오프매장과 거리가 먼 곳의 잠재고객들을 어떻게 규정할 것인지, 그리고 그들에게 왜 이마트 인터넷쇼핑몰이 필요한지를 전달하는 것입니다. 또 하나는 미시적인 방법들을 생각해보는 것입니다. 식품은 특성상 신선도나 생산 이력 등에 대한 소비자의 관심이 높습니다. 직접 먹는 것인 만큼 구매후기나 입소문의 중요성도 여타 아이템에 비해 강조될 수밖에 없습니다. 따라서 흔히 말하는 '프로슈머Prosumer', 즉 똑똑해진 소비자들을 어떻게 효율적으로 활용할 것인지 정리해보는 것입니다. 영향력을 가진 소비자가 누구인지, 어떻게 대화를 활성화하고 관계는 어떻게 맺을 것인지 그리고 네티즌들의 참여도와 흥미도는 어떻게 높일 것인지 등의 관점에서 정리해보면 될 것입니다.

제품경쟁력 확보로 오프라인 매장도 함께 성장

한편 이마트 오프라인 매장은 이미 1년 넘게 매출총이익률이 꾸준히 개선되고 있어 주목받고 있다. 이마트는 2000년대 후반 국내 할인마트시장의 포화에 대응하여 수익성을 개선시키려는 노력을 진행해왔다. 식품에 강점이 있는 이마트가 농수축산물에 대한 물류 및 보관체계를 효율화함에 따라 올해 기존 점포의 매출 역신장에도 불구하고 영업이익 역신장폭을 최소화할 수 있었던 것으로 분석된다. 농수축산 등 신선식품의 유통단계를 축소시키기 위해 첨단물류시설을 갖추고 산지구매 및 계약재배 등을 확대하며 소싱 역량 강화에 집중해온 결과다.

이러한 노력의 결과 이마트는 기존 사업에서 매출총이익률이 꾸준히 증가하고 있으며 2016년에는 약 28%에 육박할 정도의 마진 개선이 가능할 것으로 전망하고 있다. 또한 자체생산상품 강화도 수익성 개선의 주요 원인 중 하나로 꼽히고 있다. 자체생산상품은 식품부터 패션까지 전 품목에 걸쳐 비중이 높아지고 있으며 동사 오프라인 매장의 향후 수익성 개선 전략 역시 이 분야에 집중되어 있다. 이마트의 자체 HMR브랜드(가정간편식)이자 신세계푸드의 제품이기도 한 피코크브랜드의 매출 및 아이템도 꾸준히 증가하고 있어 주목된다.

어려운 오프라인시장 환경을 극복하기 위한 이마트만의 혁신 노력을 살펴봅시다.

인터넷쇼핑몰에 대한 보다 전략적인 대응이 필요한 상황입니다. 그렇다고 오프라인 매장을 등한시해서는 안 됩니다. 만일 오프라인에서 견고한 수익성을 담보할 수 없다면 인터넷쇼핑몰에 대한 투자도 그만큼 소극적으로 끌고 갈 수밖에 없기 때문입니다. 일반적으로 기업은 확실한 캐시카우(Cash Cow, 효자사업군)를 만들고 나면 해당 사업의 시장점유율은 높지만 미래성장성은 점차 낮아지게 됩니다. 이에 따라 새로운 영역으로의 진출을 통해 새로운 성장 전략을 모색합니다. 이마트의 경우도 오프라인이 국내 확실한 1위의 위상을 갖추며 캐시카우 역할을 해주고 있지만 모바일과 같은 신 유통 채널의 등장으로 성장세가 둔화되고 있습니다. 이마트는 이런 정체 흐름을 자체생산제품 개발과 물류 혁신 등의 노력으로 그나마 수익률을 개선하고 있는 것입니다. 어려운 시장 환경이지만 이를 극복하기 위한 이마트만의 혁신적인 노력들이 무엇인지 체크해두시기 바랍니다.

관련 자료 찾아보기 ❾
검색 키워드, '이마트 성공 전략'

'이마트 성공 전략'을 키워드로 관련 자료들을 살펴보시기 바랍니다. 입지 전략, 고객 감동 프로그램, 생활공간으로서의 쇼핑몰 전략, 색깔 전략, 카드 제휴, 윤리 경영 등의 관점에서 이마트가 추구해온 다양한 전략 프로그램을 정리해보면 도움이 될 것입니다.

03

백화점 운영의 노하우를
고객서비스에 녹여내다

소비자의 충성도를 높인 서비스 마인드

우량고객을 새로 유치하는 비용은 기존 고객을 유지하는 비용의 4배 수준이라는 분석이 있다. 때문에 기업이 한정된 자원으로 수익성을 높이기 위해서는 기존 고객의 불편함을 끊임없이 개선하여 만족도를 높여야 한다. 과거 까르푸나 월마트와 같은 외국계 대형 유통업체들의 진입에도 토종 이마트가 살아남을 수 있었던 비결은 무엇보다 소비자를 만족시키는 데 성공했기 때문이다.

소비자 만족이란 어느 한 요인을 만족시킨다고 달성할 수 있는 것이 아니다. 상품의 품질, 매장의 편의성, 고객서비스 등 쇼핑 행위 전반에 영향을 미치는 모든 부분에서 불만을 최소화하고 감동을 이끌어냄으로써 이루어지는 것이 소비자 만족이다. 이마트가 지금까지 업계 1위

의 자리를 지킬 수 있었던 요인 중 고객서비스에 대해 이마트는 다음
과 같은 노력을 기울였다.

a. 고객을 기다리게 하지 마라

과학적인 판매시점정보관리시스템(POS: Point Of Sales system) 분석기법
에 의거하여 근무교대 관리를 하고 있으나, 예측불허의 상황이 발생
하여 계산대 앞에서 대기 시간이 길어질 때가 있다. 그래서 고객 입장
에서 생각해낸 아이디어가 '소량계산대'였다. 소량의 상품을 구매한
고객들이 다수의 상품을 구입한 고객과 함께 계산을 기다리는 것은
엄청난 시간 낭비였던 것이고, 이 제도를 실시하자마자 고객의 반응
은 한마디로 대만족이었다.

b. 고객이 원하는 상품과 서비스를 제공하라

이마트는 최고 5만여 종의 상품을 취급하고 있어 구색면에서 국내

이마트의 고객서비스 지침

1등으로 고객을 모시겠습니다.

고객의 불편함을 24시간 내에 조치하라. 고객과 자주 만나 끊임없이 대화
하라. 고객을 즐겁게 하라. 재미있는 이벤트로 고객을 죽여라. 고객에게 직
접 체험케 하라. 고객 동선을 확보하라. 고객과의 약속을 지켜라. 고객의 질
문에 복창하라. 고객 안전 제일. 아이들에게 좋은 추억거리를 만들어줘라.

최고라는 평가를 받는다. 과거에는 불량 상품을 신고하면 5,000원짜리 상품권으로 보상해주는 불량상품 신고보상제를 실시하여 고객이 원하는 서비스를 제공하겠다는 의지를 보였었다. 이 외에도 최저가격 신고보상제, 100% 교환·환불제, 계산착오 보상제, 신선도 만족 책임제, 약속 불이행 보상제도 등이 비슷한 정책들이다.

주차의 편의성 역시 소비자가 만족했던 또다른 요인이었다. 넓은 주차 공간, 주차 편의를 위한 요원 배치, 여성 운전자들을 위한 여성전용 주차공간 마련 등 이마트는 매장을 찾는 고객들을 위해 설계 시 매장 못지않게 주차장 확보에 신경을 많이 쓴 것으로도 유명하다.

이마트가 1등 기업이 되기까지 어떤 고객 감동 전략이 있었는지 알아봅시다.

이마트가 1등 기업이 되는 데는 고객을 1등으로 모시겠다는 강한 의지가 있었기 때문입니다. 고객의 불편을 24시간 내 해결, 최저가격 신고보상제, 계산착오 보상제, 신선도 책임제, 고객 체험 전략, 주차편의성 전략 등 그동안 펼쳐왔던 여러 가지 고객 전략들을 하나씩 정리해보시기 바랍니다. 면접에서 우리 회사가 그동안 고객 감동을 실천하기 위해 실시했었던 정책들 중에서 생각나는 대로 말해보라는 질문이 자주 등장하므로 이런 기본 정보들은 필수 암기 대상입니다.

'이마트 고객 만족 전략'을 키워드로 관련 내용들을 살펴보시기 바랍니다. 이마트의 고객 전략은 백화점을 운영해봤던 오랜 경험 속에서 도출되었다고 봐도 무방할 것입니다. 이 부분이 외국계 대형마트와 차별화되었을 수 있습니다. 사실 고객으로부터 외면받는 기업의 공통된 특징은 고객의 소리를 경영에 제대로 반영하지 못한다는 것입니다. 이것이 절대 말처럼 쉽지 않기 때문입니다. 기업을 분석할 때에도 기업이 고객의 목소리를 어떤 방식으로 듣고 이를 영업 현장에 반영하고 있는지를 잘 살펴봐야 합니다. 대기업이라고 모두가 이를 잘 실천하고 있다고 볼 수는 없습니다. 이런 요소들을 잘 파악해서 건설적인 대안을 제시할 수 있다면 좋은 취업 준비 전략이 될 수 있습니다. 즉, 이마트는 백화점 수준의 서비스, 접근성이 뛰어난 도심형 복합문화공간, 그러면서도 가격은 매력적 등과 같이 뼈대를 정하고 각각에 대한 특징과 함께 보완할 점도 넣어서 자신만의 노트를 정리해보는 겁니다.

04

늘 따라다니는 규제

유통업에 대한 정부의 규제 기준

유통업은 내수산업 중 유난히 정부의 규제가 많은 업종이다. 대표적으로 다음과 같은 법령과 규제의 영향을 받고 있다.

- **대규모 유통업에서의 거래 공정화에 관한 법률:** 대형 유통업체는 정당한 사유 없이 납품업자에게 상품대금 감액, 반품과 같은 불공정행위를 할 수 없음
- **대·중소기업 상생협력 촉진에 관한 법률:** 대기업 등이 사업을 인수, 개시, 확장하여 중소기업의 경영 안정에 현저하게 나쁜 영향을 미치거나 미칠 우려가 있다고 인정될 때 중소기업단체는 사업 조정을 신청할 수 있음

- **유통산업발전법:** 대규모 점포를 개설하고자 하거나 전통상업보존구역에 준대규모 점포를 개설하고자 하는 자는 영업을 개시하기 전에 시장, 군수, 구청장에게 등록하여야 하고, 지방자치단체는 조례로 대규모 점포 중 대통령령으로 정하는 것과 준대규모 점포에 대하여 영업 시간 및 의무휴업일을 정할 수 있음
- **교통유발부담금:** 도로교통촉진법에 따라 인구 10만 명 이상 도시에서 각층 바닥 면적의 총합이 1,000㎡ 이상인 시설물 연면적에 단위부담금, 교통유발계수 등을 반영해 산정하며 아울러 법령에서 정한 기준의 100%까지는 지자체가 조정할 수 있음

이들 중 유통산업발전법상의 규제와 공정거래위원회의 업태별 모범거래기준 두 가지에 대해서 구체적으로 살펴볼 필요가 있다.

유통산업발전법은 재래시장과 중소상권을 보호하고자 대형 유통업체들의 출점 및 영업 시간을 제한하고 있다. 공정거래위원회에서는 업태별 모범거래기준을 별도로 제시하고 있는데 이 역시 중소상인 및 자영업자를 보호하고자 하는 취지이다. 구체적으로는 대형 유통사에 납품하는 중소상인들을 상대로 높은 입점수수료를 부과하는 것을 제한하거나, 대형 유통사와 가맹계약을 맺고 있는 프랜차이즈 가맹점주에 가해지는 과도한 부담을 제한하는 규제 안을 내놓은 것이다.

2012년 11월 유통산업발전법 개정안의 내용은 이마트에게 상당한 타격을 준 규제였다. 이후 지방자치단체와의 소송 및 협의로 공휴일이 아닌 평일에 자율휴무를 하게끔 조정된 지역도 있지만 현재는 대부분의 점포가 강제휴무일인 일요일에 월 2회 휴무를 실시하고 있다. 영

유통산업발전법 개정안 요약 – 대형마트 강제휴무 및 영업 시간 제한이 시작된 계기

구분	개정 전(2012년 1월)	개정 후(2012년 11월 16일)	제1차 유통산업발전협의회 주요 내용
규제 대상	대형마트, SSM	대형마트, SSM, 쇼핑몰 등에 입점한 대형마트	›› 대형마트는 인구 30만 이상 중소도시 출점 자제
영업 시간 제한	자정 ~ 오전 8시	밤 10시 ~ 오전 10시	
의무휴업	매월 1~2회	매월 1~3회	›› SSM은 인구 10만 이상 중소도시 출점 자제
처벌 규정	과태료 3천만 원	과태료 1억 원, 연간 3회 이상 위반 시 1개월 영업정지	›› 롯데마트, 이마트, 홈플러스, 홈플러스 익스프레스, 롯데슈퍼, GS슈퍼, 이마트 에브리데이 대상
예외	쇼핑몰 등에 입점한 대형마트 농수산물 매출액 비중 51% 이상 점포	농수산물 매출액 비중이 55% 이상 점포	
기타	-	시장, 군수, 구청장 소속의 유통업 상생발전협의회 구성	›› 매월 2회 자율휴무 실시

자료: 지식경제부
참고: 중소도시는 서울특별시와 6개 광역시를 제외한 9개 도시

업 시간의 경우 24시간 영업은 물론 오전 8시 개점도 규제 대상이었는데 현재는 대부분의 점포가 오전 10시부터 자정까지 영업하고 있는 상황이다. 슈퍼 슈퍼마켓 역시 출점 제한이 걸리며 에브리데이슈퍼를 공격적으로 출점하려던 이마트는 이를 중단하고 제한적인 영업만을 하고 있다.

규제를 기회로 삼아 출범한 '위드미'

한편 공정위는 가맹점주들을 보호하기 위해 프랜차이즈업에도 규제를 가했다. 특히 편의점에 대한 규제가 2012년 말에는 핫이슈였다. 편의점은 상장대기업이 속해 있는 업종이었기에 주식시장에서도 편

공정위의 입점 판매수수료 인하 조치 – 유통업체 판매수수료 과다부과에 대해 제동을 걸었던 조치

업태	1차 인하(2011년 11월)				2차 인하 (2012년 11월)
	인하 대상	인하 기준	업체별 인하 규모	예외	인하 대상
백화점	1,054개 중소 납품업체 대상 3~7%pt 인하 수수료 관련 비용 연 186억 원 절감	의류, 생활잡화의 평균 수수료를 32% → 25~29% 수준으로	- 롯데: 800개 업체 중 403개 대상 100억 3천만 원 인하 - 현대: 626개 업체 중 321개 대상 47억 2천만 원 인하 - 신세계: 610개 업체 중 330개 대상 38억 천만 원 인하	대기업 및 계열사, 외국계 직진출 브랜드 등 현재 20% 수준의 낮은 수수료 업체	›› 1차 인하 시 인하하지 않았던 납품업체 1,200개 ›› 백화점 1%pt, 대형마트 2%pt 인하 ›› 연간 197억 원 인하 효과
대형 마트	900개 중소납품업체 대상 3~5%pt 인하 수수료 관련 비용 연 129억 원 절감	식품, 생활용품의 평균 장려금을 10% → 5~7% 수준으로	- 이마트: 721개 업체 중 376개 대상 57억 원 인하 - 홈플러스: 614개 업체 중 288개 대상 37억 원 인하 - 롯데마트: 449개 업체 중 236개 대상 36억 원 인하		
홈쇼핑	455개 중소납품업체 대상 3~7%pt 인하 수수료 관련 비용 연 44억 원 절감	의류, 생활잡화의 평균 수수료를 37% → 30~34% 수준으로	- GSH: 143개 업체 중 72개 대상 9억 6천만 원 인하 - CJO: 207개 업체 중 105개 대상 9억 2천만 원 인하 - 현대홈: 285개 업체 중 143개 대상 10억 3천만 원 인하 - 롯데홈: 210개 업체 중 105개 대상 10억 원 인하 - NSH: 60개 업체 중 30개 대상 4억 4천만 원 인하	대기업 및 계열사, 외국계 기업 수입 벤더(판매업자)	TV홈쇼핑과 차순위 대형 유통업체들의 판매수수료 인하는 자율적 동참 요청

자료: 공정거래위원회

의점 규제에 대해 민감하게 주목하였다. 편의점업체가 가맹점주들로 하여금 어떤 부담을 안기는지에 대해 명확하게 알게 된 계기였다.

당시 이마트가 이러한 일련의 사건들을 일종의 신사업 기회로 삼았다는 사실은 놀랍다. 2013년 이마트는 위드미라는 작은 편의점 회사를 인수하였고 이듬해인 2014년 7월 사업설명회를 통해 전국에서 위드미 가맹점주를 모집하며 편의점사업의 본격적인 착수를 알리기에 이른다. 편의점 가맹점주들이 편의점사업을 운영하며 가장 힘들어하는 세 가지를 파고드는 것이 이마트 위드미의 전략이었다. 그 세가지는 24시간 강제 영업, 계약해지위약금, 이익에 대한 정률공유제였다.

공정위의 업종별 모범거래기준 주요 내용 요약 - 편의점업계를 긴장하게 했던 규제

구분	제과제빵 (2012. 4. 10)	치킨업종 (2012. 7. 5)	피자업종 (2012. 7. 5)	커피업종 (2012. 11. 12)	편의점 (2012. 12. 14)
적용 업체	SPC(파리바게뜨, 파리크라상) CJ푸드빌(뚜레쥬르)	제네시스비비큐(BBQ), GNS BHC(BHC), 교촌F&B(교촌치킨) 페리카나(페리카나), 농협목우촌(또래오래)	MPK그룹(미스터피자), 한국도미노피자(도미노피자)	카페베네, 롯데리아, 할리스, 탐앤탐스, 투썸플레이스 (스타벅스, 커피빈은 직영점만 운영, 가맹점 없음)	BGF리테일(CU), GS리테일(GS25) 코리아세븐(세븐일레븐), 바이더웨이, 미니스톱
선정 기준	가맹점 수 1천 개 이상 or 가맹점 수 1백 개 이상 + 매출액 1천억 원 이상	가맹점 수 1천 개 이상 or 가맹점 수 1백 개 이상 + 매출액 1천억 원 이상(계열사 포함)	가맹점 수 1천 개 이상 or 가맹점 수 1백 개 이상 + 매출액 1천억 원 이상	가맹점 수 1백 개 이상 + 커피사업 부문 매출액 500억 원 이상	가맹점 수 1천 개 이상 가맹본부 5개사 (상위 5사의 시장점유율(점포수 기준) 97%임
규제 이유	›› 가맹점 간 영업 지역 침해, 잦은 매장 리뉴얼 ›› 특정 제품 구입 강제, 허위 과장 정보 제공 ›› 부당한 계약 해지, 재계약 거절, 조항 변경	›› 가맹점 간 영업 지역 침해 ›› 매장리뉴얼 강요 ›› 불필요한 리뉴얼 절차	›› 광고판촉비 부담 강요 ›› 통신사, 카드사 등 카드 제휴 할인 등 비용도 부담	›› 가맹점 간 영업 지역 침해 (상위 5개 브랜드 매장 수 09년 748개→11년 2,069개) ›› 인테리어를 가맹본부의 수익 창출 수단으로 악용 ›› 원두 등 원부재료 공급 시 대금 정산 조기 요구	›› 가맹점 간 인근 중복 출점 (담배 소매인 지정 기준 50m 거리 제한 정도 유지) ›› 월 예상 매출, 평균 수익에 대한 과장 정보 제공 ›› 중도해지 시 과도한 수준의 위약금 부과
거리 제한	500m	800m	1500m	500m	도보거리 250m
충분한 정보 제공	분쟁 없음	분쟁 없음	분쟁 없음		›› 계약체결 7일 전까지 상권분석보고서 서면 교부(월 예상매출액 및 그 산출 근거를 반드시 포함) ›› 계약체결 14일전 정보공개서 제공 및 시점 명확화

이에 대해 위드미는 영업 시간 제한이 없고, 계약해지위약금이 없으며, 이익에 대해 '정액' 로열티를 납부하는 방식의 신개념 계약 형태를 제시했고 이는 시장에 큰 파장을 불러일으켰다.

대형 편의점업체들은 작은 위드미가 자신들을 위협하기에는 '달걀로 바위 치기'라며 신경 쓰지 않는 듯했으나, 뒤이어 영업 시간이 짧은

구분	제과제빵 (2012. 4. 10)	치킨업종 (2012. 7. 5)	피자업종 (2012. 7. 5)	커피업종 (2012. 11. 12)	편의점 (2012. 12. 14)
계약 해지 시 위약금 인하	분쟁 없음	분쟁 없음		분쟁 없음	›› 중도 계약해지 시 3개월의 예고 기간 부여하는 대신 위약금은 계약금의 10% 이내로 제한 - 단, 시설투자 관련 위약금은 현행과 같이 유지 ›› 완전가맹(5년계약)의 경우 최고 6개월 분, 위탁가맹(2년)의 경우 최고 2개월 분으로 인하 가능
거리 제한 예외	›› 기존 가맹점이 영업지역 내에서 폐점 후 재출점 또는 가맹점을 이전하는 경우 ›› 다음 3가지 사유 중 하나에 해당하면서 인근 가맹점이 동의하는 경우 - 3천 세대 아파트가 신규 건설 - 철길, 왕복 8차선 도로로 상권이 확연히 구분 - 기타 이에 준하는 사유	›› 동일 브랜드의 경우 좌측과 예외사항 동일함 ›› 계열사 동종 브랜드의 경우 - 거리제한 따로 정하지는 않되, 인근 출점으로 기존 가맹점 매출이 30% 이상 하락하는 경우 가맹본부는 2년간 매출 하락분과 관련된 영업손실액의 50%를 보상	›› 기존 가맹점이 영업지역 내에서 폐점 후 재출점 또는 가맹점을 이전하는 경우 ›› 다음 4가지 사유 중 하나에 해당하면서 인근 가맹점이 동의하는 경우 - 5천 세대 아파트가 신규 건설 - 철길 등으로 상권이 확연히 구분 - 놀이공원 내 등 특수상권 출점 - 배달전문매장 인근에 내점 전문매장이 출점	›› 기존 가맹점이 영업지역 내에서 폐점 후 재출점 또는 가맹점을 이전하는 경우 ›› 다음 5가지 사유 중 하나에 해당하면서 인근 가맹점이 동의하는 경우 - 상업 지역으로 일 유동 인구가 2만 명 이상 - 주거지역, 3천 세대 이상 아파트가 신규 건설 - 철길, 왕복 8차선 도로로 상권 확연히 구분 - 대형쇼핑몰 등 특수상권 내 출점 - 기타 이에 준하는 사유	›› 기존 가맹점이 영업 지역 내에서 폐점 후 재출점 또는 가맹점을 이전하는 경우 ›› 다음 4가지 사유 중 하나에 해당하면서 인근 가맹점이 동의하는 경우 - 브랜드 변경(A→B)함에 따라 인근 가맹점(B)과 가까워진 경우 - 주거지역, 1천 세대 이상 아파트가 신규 건설 - 왕복 8차선 이상 도로 등 상권 확연히 구분 - 대학 내, 병원, 공원, 터미널 등 특수상권 내

자료: 공정거래위원회

계약 타입을 신설했고 해지위약금이 부담스러운 일부 가맹점주에 대해 이를 면제해주기도 했으며, 가맹점주 이탈을 막기 위한 상생비용을 지출하는 모습도 보였다. 국내 3만 여 개에 이르는 편의점 중 위드미 개수는 2015년 5월 현재 아직 600~700개에 불과하지만 영업력이 쌓이면서 향후 출점 속도는 더욱 빨라질 것이라 예상된다.

 **정부의 유통 규제 내용을 정확히 이해합시다.**

유통산업은 정부의 규제가 유독 심한 곳입니다. 소상공인과 자영업자들의 참여가 그만큼 많기 때문입니다. 하지만 이런 규제가 성장에 직접적인 장애 요인이 되기도 하고 한편으로는 새로운 사업 기회를 엿보게도 하고 있습니다. 이마트에브리데이가 정부의 출점 제한 조치로 신규 진출을 중단하게 된 반면, 정부의 편의점 규제 정책에 대해서는 '위드미' 브랜드를 인수하면서 새롭게 편의점사업에 진출한 이마트입니다. 유통업계 면접에서 자주 다뤄지는 질문 주제 중 하나가 바로 정부의 유통 규제이므로 그 내용을 잘 숙지하시기 바랍니다.

관련 자료 찾아보기 ⑪
검색 키워드, '유통산업발전법', '공정거래위원회
업태별 모범거래기준' 

이 책의 표에 정리된 내용 정도만 암기해둔다면 정부의 유통 규제 관련 질문에 충분히 대응할 수 있을 것입니다. 크게 '유통산업발전법'상의 규제와 '공정거래위원회 업태별 모범거래기준'이 적용되고 있으므로 이 두 규제안을 중심으로 정리하시기 바랍니다.

05

이젠 넘어서야 할
'가격혁명'

가격경쟁보다 제품경쟁을 위한 전략의 선회

대형마트의 가장 기본적인 사업모델은 대량 구매를 통해 매입단가를 낮춘 유통사가 소비자에게 타 업체 대비 낮은 가격으로 제품을 공급함으로써 구매율을 높이는 것이다. 따라서 동종 업체들 간의 가격경쟁은 수시로 발생하는 이슈다. 최저가격 보상제, 가격파괴 등 개념이 나온 것도 바로 대형마트사업에서다.

이마트는 일찍이 EDLP^{Every Day Low Price}를 내세웠던 미국 월마트의 전략을 벤치마킹했기에 업계에서 가장 낮은 가격으로 상품을 공급할 수 있었다. 이는 국내에서 가장 많은 마트 점포를 운영하기에 구매협상력이 업계 최고였기 때문이다.

2010년 초반까지도 이마트는 EDLP 정책을 강화하면서 '가격혁명'이라는 캐치프레이즈를 앞세웠다.

그러나 2007년부터 국내 대형마트의 성장이 둔화되기 시작하면서 2008년 이후부터는 급기야 사양산업이라 여겨졌던 백화점의 매출신장률이 대형마트의 그것을 넘어서기에 이르렀다. 백화점들이 성장의 한계를 돌파하기 위해 고급화 전략과 명품의 확대로 신성장을 꾀한 측면도 있지만 대형마트 경쟁력이 과거보다 약화된 것도 원인인 것으로 분석되었다. 매출이 P(객단가)와 Q(구매객 수, 구매단가)의 조합이라고 볼 때, 대형마트의 매출 부진은 Q를 부진에서 비롯된 결과라고 분석한 이마트는 본격적으로 Q의 회복시키는 데 전력을 쏟기 시작한다.

일반적으로 'P'는 경기 상황에 의해 좌우되는 경향이 있다. 대형마트 판매 품목 중 가전제품, 가구, 의류 등 단가가 높은 상품들은 대개 내구재이기 때문에 경기침체기에는 이들 매출이 하락하여 매출총신장률에 부정적이다. 하지만 대형마트의 'Q'는 경기 상황보다는 회사의 전략에 의해 컨트롤 가능한 항목이기에 업계 경쟁 속에서 주도권을 잡는 기업에 유리하게 결정되는 것으로 분석된다. 따라서 이마트 역시 컨트롤 가능한 'Q'의 영역에 대한 전략의 일환으로 '가격혁명 정책'을 수립했었다.

이마트의 이러한 공격적인 전략 수정이 'Q'의 회복에 기여한다 할지라도 이익률 방어에 대한 과제가 남아 있었다. 가격혁명은 동 업계 업체들과의 경쟁을 심화시켜 궁극적으로 이익률을 악화시킬 것이라는 우려가 있었기 때문이다. 하지만 그런 우려에 대해 이마트는 경쟁사들이 이러한 출혈경쟁을 지속할 수 없는 수익구조라고 판단, 전략을 추진하는 대범함을 보였다. 한편, 최근에는 가격경쟁보다는 제품경쟁력을 높이려는 방향으로 이마트의 전략은 이미 선회한 상황이다.

가격에서 제품 전략으로 프레임을 바꾼 이마트의 여러 실천 프로그램을 살펴봅시다.

이마트는 가격경쟁보다는 제품경쟁 관점으로 사업 전략을 이미 선회한 상태입니다. 이마트만이 만들어낼 수 있는 제품경쟁력을 통해 새로운 성장을 도모하는 모습입니다. 가격에서 제품 전략으로 프레임을 바꾼 이마트가 구체적으로 어떤 프로그램을 가동하고 있는지 꼼꼼히 챙겨봐야 하겠습니다.

관련 자료 찾아보기 ⑫
검색 키워드, '대형마트 PB상품 전략'

식품유통미디어 '더바이어www.withbuyer.com' 홈페이지 유통 메뉴에 들어가보면 식품 유통과 관련한 다양한 뉴스와 트렌드가 정리되어 있으므로 자주 활용하시기 바랍니다. 특히 제품경쟁 관점에서는 '대형마트 PB상품 전략'을 키워드로 주요 회사들의 PB상품 개발 콘셉트와 고유 경쟁력이 무엇인지 체크해보시기 바랍니다. 참고로 이마트에서는 자체브랜드로 성공한 제품을 독자적인 라벨, 즉 PL로 개발한다는 개념을 오래전부터 언급해온만큼 PB와 PL이라는 용어를 사용할 때 참고하면 되겠습니다.

emart

경영 요소:
지역사회와 함께
가치를 창조하다

이마트 조직도에 과거에 없었던 e-커머스사업팀이 생겼다는 것은 온라인몰, 모바일쇼핑에 투자를 확대하고 있다는 것입니다. 그렇다면 이마트가 주력하는 상품은 무엇일까요? 매출의 규모와 상관없이 가장 눈에 띄는 상품이 자체브랜드인 피코크가 아닐까 합니다. 본 장에서는 이마트의 자체브랜드에 대해 알아보고 영업 방식 및 향후 전망에 대해서도 수치와 함께 분석해보도록 합시다.

01

업계 1위의
조직구조

시장 상황에 발맞춰 변화하는 조직구조

영업 환경이 변화함에 따라 회사의 전략과 함께 조직의 구성도 늘 변화한다. 2015년 1분기 말을 기준으로 이마트의 조직구성은 다음 표 (Fig 39)와 같다. 유통업체들이 비슷한 뼈대의 조직구조를 갖추고 있듯이 이마트 역시 경영총괄, 영업총괄 부문으로 나뉘어져 있다. 눈에 띄는 점은 두 부문 외에 'e-커머스 총괄' 부문이 하나 더 있다는 점이다. 과거에는 분명 없었을 조직이었겠지만, 이마트가 인터넷과 모바일쇼핑몰 투자를 확대하고 식품 전문 온라인몰을 선포하고 있는 지금은 이처럼 관련 부서를 별도로 운영하는 것이 필수적이었을 것이다.

경영총괄 부문에서 눈에 띄는 것은 신사업본부로, 그 아래 다시 신사업 및 해외사업 담당으로 나뉜다. 중국과 베트남은 현재 법인이 설립되었거나 곧 설립될 예정이어서 별도로 팀이 있으나, 이외의 해외 사이트 진출을 염두에 둔 것이 해외사업 담당인 것으로 파악된다. 또한 트레이더스, 온라인몰, 에브리데이, 편의점과 같이 향후 신성장을 위한 사업을 발굴하는 역할을 담당하는 것이 신사업 팀이다.

영업총괄 부문에서는 식품, 라이프스타일, 고객서비스 등을 담당하는 본부가 각각 설치되어 있다. 대형마트 상품 구성의 70%에 육박하는 것이 식품이기에 식품본부의 역할은 중요하다. 특히 최근에 이마

이마트 조직구조 – e-커머스 조직이 별도로 구성되어 있음에 주목

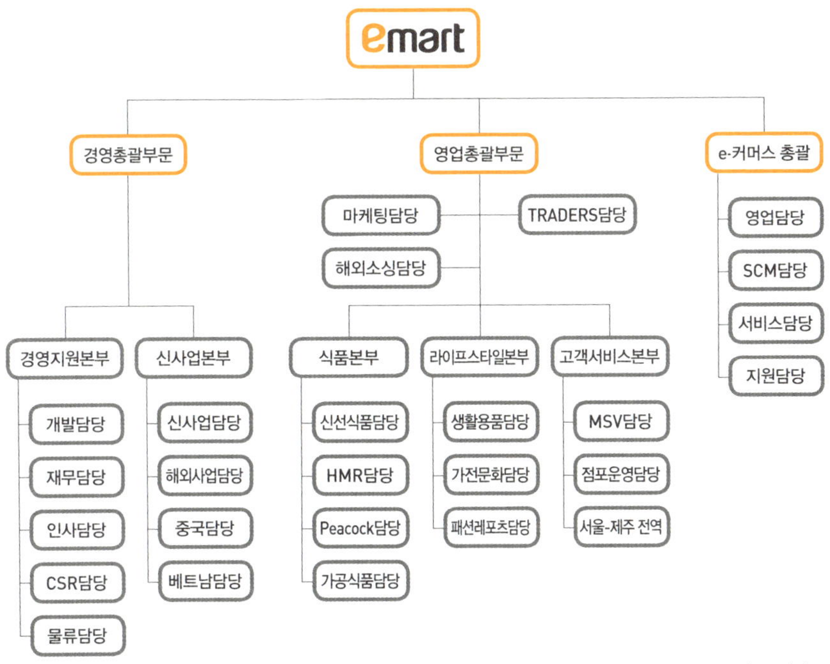

자료: 이마트

트가 주력하는 식품사업은 가정간편식 및 피코크^{Peacock}이다. 이들은 중요한 사업인 만큼 별도의 팀으로 배치되어 있다.

식품이 주력이지만 비식품 부문 역시 무시할 수 없다. 이마트가 자체생산상품의 영역을 패션으로까지 확장한 지 오래되었고 최근 더욱 열심히 시동을 걸고 있기 때문이다. 라이프스타일본부 내에 생활용품, 패션레포츠팀이 별도로 구성되어 있음을 확인할 수 있다.

멘토의 Tip ⑬　　　　조직도를 파악해서 자신의 직무 탐색하기

조직도에 담겨진 의미를 파악하면서 자신의 직무도 탐색해봅시다. 이마트는 급변하는 시장 환경에 즉각 대응할 수 있도록 조직이 심플하면서도 효율적으로 짜여 있는 모습입니다. e-커머스가 별도의 사업부로 배치되어 있고, 홈페이지 메뉴가 식품과 라이프로 양분되어 있듯이 실제 사업부서도 두 개로 나눠져 있습니다. 또한 편의점과 에브리데이 같은 슈퍼마켓, 그리고 해외 시장은 아직 개척의 여지가 많은 만큼 신사업본부에서 담당하고 있습니다. 자신의 직무가 어디에 적합할지 조직도를 보면서 구상해보시기 바랍니다.

야심작 피코크,
제대로 알자

주력 상품이 된 이마트만의 자체생산브랜드

이마트의 주력 상품은 무엇일까. 대형마트 매출 구성의 60%에 육박하는 것이 식품이니 이마트의 주력 상품 역시 식품일까? 필자가 생각하는 이마트의 주력 상품은 '이마트만의' 상품이다. 이미 해외 선진 유통업체들은 10년, 20년 전부터 자체브랜드를 출시하여 키워오고 있는데 이것이 바로 자체생산브랜드[PB]이다. 지금은 우리에게 PB라는 개념이 익숙하지만 도입 초기에는 매우 낯설었다. 또한 식품일수록 PB 제품은 일반 제조업체의 상품에 비해 품질이 많이 떨어질 것이라는 선입견도 컸었다.

신세계는 2007년 10월 18일부터 전국 107개 이마트 점포에 3,000여개 자체브랜드상품을 동시 출시했다. 신세계가 PL(Private Lable, 이마트는

PL이라는 용어를 사용)상품의 비중을 점차 늘려갈 계획이란 사실은 2007년 초부터 표명하던 바였지만, 당시는 시장 진출 규모가 예상했던 것보다 훨씬 큰 수준이었기에 소비자와 관련 업체 및 투자자의 관심을 집중시켰다.

이마트는 당시 2012년까지 PB상품의 가격을 타 제조업체 상품 대비 최대 40% 낮추겠다는 것과 이마트 매출 중 PB상품 비중을 25%에 이르도록 확대시키겠다는 것을 발표했다. 결국 이 두 가지 사항이 계획대로 이루어질지 여부와 이것이 이마트의 가치 증대에 얼마나 기여할 수 있을 것인지가 시장 최대의 관심사였다.

PB상품 확대 출시 이후 며칠 동안 라면과 커피 등 브랜드 로열티가 현저히 높은 상품을 제외하고는 가격이 30~40% 이상 저렴한 일부 PB상품들이 일반 상품보다 1.5~4배 가량 높은 매출을 기록하기도 했다. 궁극적으로 PB상품이 소비자로 하여금 '싼 게 비지떡은 아니었다'는 인식을 심어주는 데 성공한다면, 동일 제품류에 대해 일반 상품과 PB상품은 완벽한 대체재가 되어 교차탄력성을 높일 것이라는 추측이 가능했다.

PB상품의 경우 일반 상품에 비해 마진율이 5~10%p 높다. PB상품 매출 비중이 25%까지 확대되고 가격이 최고 40% 하락할 경우 매출총이익률은 크게 개선된다는 계산이 나온다. 당시 시장이 주목했던 또 다른 이유는 이마트의 이러한 움직임이 대형마트업계의 수익구조에 혁신을 가져옴으로써 국내 유통업이 선진화로 향하는 계기를 마련할 것이라 생각했기 때문이다.

대형마트업계는 시장이 포화 시점에 다다르면서 매출성장률 둔화
에 대한 돌파구로 마진율과 유통 물류 개선을 통한 '주당순이익EPS 증
가율 개선'이라는 과제를 안고 있다. 다만, 종전과 같이 제조업체를 상
대로 무리하게 납품가 인하를 요구하는 것으로 마진율을 높이는 방식

이마트 PB상품 매출 비중 확대 계획 – 당시 이마트는 단기에 25%까지 확대하고자 했음

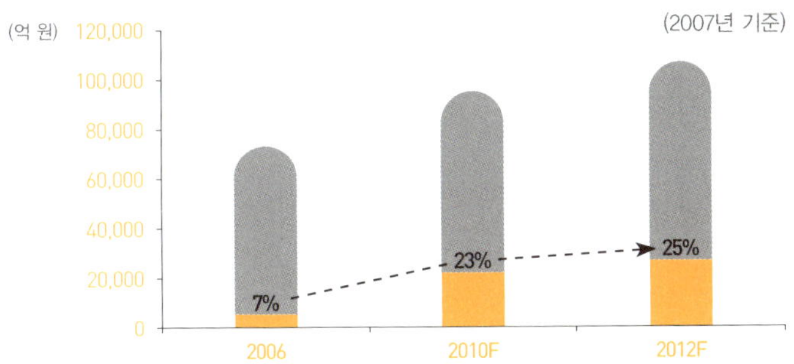

이마트 HMR 자체브랜드 피코크 매출액 예상 – 빠르게 성장하고 있는 피코크

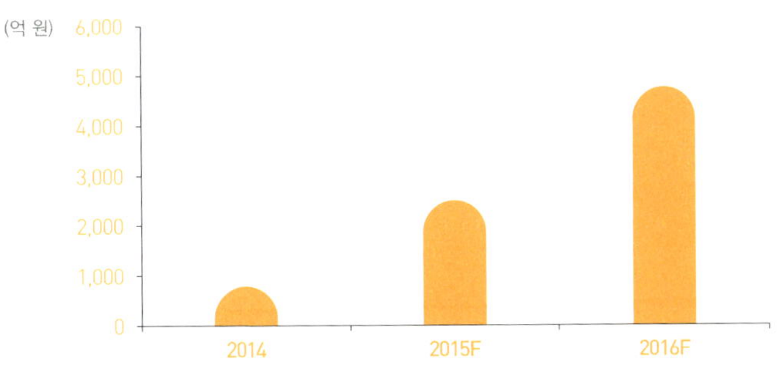

에는 한계가 있다. 반면에 PB상품의 적극적인 강화는 소비자에게는 품질과 가격 혜택을, 중견 제조업체에게는 판관비 절감 혜택을, 유통업체에게는 이 둘을 토대로 한 마진율 및 주당순이익의 상승 혜택을 줄 수 있다고 판단된다.

한편 이마트는 2007년 당시 2012년까지 PB 매출의 비중을 25%까지 늘리겠다고 계획했으나, 2015년인 현재까지 PB 매출의 비중은 20% 초반 대에 머물러 있다. PB에 대해 HMR과 신선식품, 패션, 생활용품 어느 수준까지 적용할 것인지에 대한 고민이 계속적으로 이루어지고 있어 빠른 성장 이후 답보 상태에 있는 것으로 보인다. '2023 비전'에서 발표한 바에 따르면 2023년까지 이마트의 PB상품은 매출의 30%에 달할 것이라고 한다.

새로운 형태의 브랜드 '피코크'

PB상품 비중이 주춤해 보이는 데는 또 다른 이유도 있는데, 바로 피코크가 그 주인공이다. 2013년 이마트는 새로운 형태의 식품류 PB인 피코크라는 전문 브랜드를 내세웠다. 피코크는 PB를 한층 더 강화한 느낌으로 HMR 전반에 걸쳐 자체 브랜드를 확대시키겠다는 의지의 표현이었다. 냉장·냉동 가공식품을 비롯하여 반찬, 베이커리, 과자, 양념류에 이르기까지 피코크의 범위는 점차 확대되고 있다. PB는 기존의 제품보다 품질이 다소 떨어지는 대신 가격을 대폭 낮춘 제품이라는 인식을 깨고, 품질과 맛도 뛰어나면서 가격은 소폭 낮춘 제품이 다수 출시되면서 소비자로 하여금 더욱 인기를 끌고 있는 것으로 파악된다.

이마트 매장을 눈여겨보면 피코크 전용 냉장·냉동고가 따로 설치되어 있는 모습을 볼 수 있다. 2014년 연간 피코크의 매출은 1,000억 원이 안 됐던 것으로 추정되지만, 2015년에는 두 배를 훌쩍 뛰어넘는 매출을 달성할 것으로 업계는 관측하고 있다.

또한 이마트는 최근 '피코크키친'이라는 공간을 통해 피코크 제품들을 한데 모아 판매하고 요리된 상품을 구매하여 식사도 할 수 있는 멀티 푸드코트를 오픈하였다. 대형마트뿐 아니라 다른 유통 채널을 통해서 피코크 제품을 판매하겠다는 계획의 일환으로, 피코크 출시 초반부터 계획되어 있었던 전략이라는 점을 생각해보면 과연 이마트라는 생각을 다시 한 번 하게 만든다.

Fig 41

이마트 HMR PB브랜드 피코크 – 상품 영역을 확장하며 종류가 다양해져

구분	Korean	Lifestyle	World Kitchen	Well Being	Dessert
냉장냉동					
	Korean	Beverage	World Kitchen	Dairy	Kids
Grocery					

자료: 이마트

이마트의 PB상품 차별화 전략을 살펴봅시다.

2007년부터 PB상품 라인업을 강화하기 시작한 이마트가 2013년 피코크를 출시하면서 PB상품 차별화를 꾀하고 있습니다. 만일 피코크가 성공적으로 론칭되면 과연 생활용품도 피코크 같은 새로운 브랜드를 도입할까요? 만일 면접에서 '이마트만의 상품을 강화하는 방법에 대해서 아는 대로 설명해보시오'라는 질문을 받는다면 기존 PB상품 전략을 가볍게 정리해주면서 남아 있는 영역에 대해 그 특성이나 소비자 기호 등의 측면에서 어떻게 전략을 전개하면 좋을지를 풀어가면 좋을 겁니다. 그래서 이런 기업분석을 통해 사실관계를 정확히 파악하는 것이 매우 중요합니다.

관련 자료 찾아보기 ⑬
검색 키워드, '이마트 피코크'

'이마트 피코크'를 키워드로 관련 자료들을 잘 정리해보시기 바랍니다. 피코크는 1970년 신세계백화점이 와이셔츠 브랜드에 사용하다 용도 폐기했던 PB브랜드였습니다. 폐기되었던 그 브랜드가 2013년 이마트의 PB로 부활하면서 HMR본부 내에서 피코크를 분리하여 독립시켰습니다. 2014년 연말 임원 인사에서는 CEO가 영업전략실의 실장직을 겸직하도록 하고, MD와 마케팅을 아예 통합해서 영업하기로 하는 등 저성장 국면을 극복하기 위해 노력하고 있습니다. 참고로 피코크는 미국 코스트코의 자체생산브랜드인 '커클랜드Kirkland'처럼 통합 브랜드화를 하고자 한다는 내부 평가가 있습니다.

SWOT 분석으로 본 이마트

이마트에 대해 SWOT 분석을 해보았다.

이마트의 강점s은 무엇보다도 국내 대형마트 업계 1위 사업자로서의 경쟁력을 지니고 있다는 점이다. 1993년부터 국내 할인마트사업을 운영한 이마트는 입지 선점뿐 아니라 사업 노하우를 습득하는 방법에 있어서도 선구자적인 지위를 가졌다. 1990년대 할인마트사업 경쟁이 아직 심화되지 않았을 때, 이마트는 다양한 시도를 통해 시행착오를 겪으며 운영 노하우를 체득해 경쟁사 대비 높은 이익률을 달성하게 된 것으로 보인다.

한편, 약점w은 대형마트를 주력 사업으로 하기에 산업이 성숙단계를 지나면서 겪는 환경적 요인이라 하겠다. 온라인쇼핑시장 급성장이 오프라인 유통업체들에게 위기T로 다가오는 점도 사실이다. 하지만 이를 기회o로 이마트가 소비트렌드 변화에 대응하는 신사업 전략

(온라인몰, 트레이더스, 이마트타운 등)을 펼치고 있는 것은 고무적인 부분이다.

이마트의 SWOT 분석

Strengths(강점)	Weaknesses(약점)
- 국내 대형마트업계 지배적 1위 사업자로서 선점의 혜택 누려, 경쟁력 있는 바잉파워 - 업계 선두 업체로서 선진 유통기법 선제적 도입 - 수익성 개선 위해 유통단계 축소, 계약재배 등 각종 노하우 축적	- 국내 할인점포 포화 - 신규 사업 진출로 신성장동력 확보 시도, 하지만 아직 수익성이 낮아 전체 마진이 희석되는 효과
Opportunities(기회)	Threats(위협)
- PB/PL 제품 비중 확대로 대형마트 저마진 구조 극복 - 해외 직소싱 상품 비중 늘리면서 상품 다변화 및 차별화 - 창고형 할인마트(트레이더스), 온라인몰(이마트몰), SSM 등 신성장 사업 다각화 진행	- 지속되는 규제 리스크 - 온라인 쇼핑 성장에 따른 오프라인 매장 성장률 감소 - 할인마트 시장포화

자료: 이마트, 저자 추정

멘토의 **Tip** ⑮　　사업환경 진단과 전략 설정 탐색하기

SWOT 분석 툴을 통해 사업환경 진단과 핵심 전략 설정의 중요성을 탐색합니다.

SWOT 분석은 기업의 시장 환경과 경쟁 수준을 한눈에 알기 쉽게 표시해서 마케팅 전략을 탐색하기 위한 것으로 도표 자체에 콘텐츠가 들어 있는 것은 아닙니다. SWOT의 4가지 요인을 가지고 2개씩 묶어서 각각의 전략을 생각해보고 실천 방법을 모색해보아야 합니다. 만일 'SO'라면 강점과 기회를 함께 살리는 것이므로 이마트에는 어떤 사업 파트가 'SO'에 해당할지 생각해보는 식입니다. 'ST'라면 대형마트 영업의 강점은 살리되 정

부의 규제와 같은 리스크를 최소화하는 전략이 무엇일까 고민하고, 'WO'
라면 약점을 보완하면서 시장기회를 적극 살리는 전략이니 전략적 제휴나
상품 차별화 같은 방법을 찾아야 할 것입니다. 그리고 'WT'라면 약점은 보
완하면서 위협도 최소화하는, 원가 절감이나 사업 보류 내지 철수 같은 전
략일 것입니다. 에브리데이처럼 신규 출점을 중단하는 경우가 'WT'전략
의 맥락입니다. 그렇다면 피코크 같은 PB 전략은 'SO' 영역에서 접근해야
할까요, 아니면 'WO'일까요? SWOT 분석은 사업 환경을 제대로 진단하
고 기업의 핵심 전략을 설정하기 위한 것입니다.

관련 자료 찾아보기 ⑭
검색 키워드, 'SWOT 분석'

'SWOT 분석'을 키워드로 검색해보면 매우 다양한 자료들을 발견할 수
있습니다. 사례 중심으로 설명된 자료들을 참고해보면 SWOT에 대한 이
해와 활용 전략에 대해서도 쉬운 힌트를 얻을 수 있을 것입니다.

숫자로 보는
이마트의 구조

연결종속회사와 이마트의 매출 현황

2014년 이마트의 연결총매출액과 영업이익은 각각 14조 7,202억 원, 5,830억 원이었다. 이마트는 대형마트사업뿐 아니라 연결종속회사들을 통해 조선호텔, 신세계푸드, 슈퍼마켓, 부동산개발, 편의점 사업을 영위하고 있다. 따라서 이들 실적이 모두 연결재무제표에 반영되어 있다. 이마트의 대형마트사업만 분리해서 실적을 살펴보면 2014년 마트사업의 총매출액과 영업이익은 각각 12조 4,048억 원, 6,568억 원으로 매출액은 연결실적의 대부분을 차지하고 있으며 영업이익은 오히려 이를 넘어섰음을 알 수 있다. 이는 현재 연결종속회사들이 영업적자 상황이라는 것을 뜻한다.

2014년 말 기준 이마트의 연결종속회사는 국내 9개, 해외 8개로 총

17개다. 해외 8개 법인은 중국 이마트를 운영하는 법인 6개와 미국, 베트남 법인이 각각 1개씩 있다. 중국의 경우 효율이 낮은 점포를 매각하는 등 구조조정을 진행하고 있으며, 궁극적으로 철수를 고려하고 있는 상황이다. 중국의 체질개선 작업을 마무리하면서 베트남 등 동

Fig 43

이마트 연결종속회사 – 국내 9개, 해외 8개로 총 17개 종속회사 보유

(단위: 억 원)

기업명	설립일	주요 사업	지분율(%)			순자산	매출액	순이익
			이마트	종속회사	합계			
국내								
조선호텔	1967	관광호텔업 및 면세업	98.8		98.8	2,283	4,086	-378
신세계푸드	1995	단체급식·외식사업 및 식품 유통업	46.1	8.6	54.7	2,855	6,521	42
에브리데이리테일	1974	슈퍼마켓	99.1		99.1	805	7,743	-24
신세계엘앤비	2008	주류도매업	100.0		100.0	79	346	3
에스엠	1998	슈퍼마켓	100.0		100.0	9	1,431	-69
신세계영랑호리조트	2007	리조트 운영	100.0		100.0	306	66	-26
신세계프라퍼티	2013	부동산업	90.0	10.0	100.0	1,883	-	-13
위드미에프에스	2006	편의점 프랜차이즈 가맹점	100.0		100.0	13	291	-140
신세계투자개발	2012	부동산업		99.9	99.9	846	-	1
해외								
상해매득초시유한공사	1997	대형마트	99.4		99.4	-137	2,048	-409
천진태달이매득초시 유한공사	2004	대형마트	100.0		100.0	-355	877	-490
상해신이백화유한공사	2007	대형마트	100.0		100.0	64	315	-22
무석이매득구물중심 유한공사	2007	대형마트	100.0		100.0	290	199	6
곤산이매득구물중심 유한공사	2008	대형마트	100.0		100.0	16	170	-5
상해이매득무역유한 공사	2013	수출입·도소매업	100.0		100.0	5	10	-6
이마트아메리카	2012	수출입·도소매업	100.0		100.0	16	43	0
이마트베트남	2014	수출입·도소매업	100.0		100.0	111	-	-2

자료: 공정거래위원회

남아 지역에 이마트를 진출할 예정이다. 2011년 5월 이마트와 신세계가 분할하며 당시 종속회사들 중 각 법인의 성격에 맞는 회사를 해당 자회사로 편입시킨 바 있다. 이마트는 건설, I&C, 스타벅스 등을 관계회사로 편입하였다. 참고로 신세계그룹은 총 7개의 상장사를 보유하

Fig 44

이마트 주요 사업 세부 사항(연결 기준) – 대형마트가 매출의 84%, 이익의 130% 차지

(단위: 억 원)

구분	설립일	주요 사업	재무 사항		
			구분	2014	
				금액	비중(%)
국내 대형마트	㈜이마트	식품 등	매출액	108,382	84.2
			순이익	3,148	132.3
			총자산	127,649	90.2
			순자산	69,084	92.2
관광호텔업	㈜조선호텔	객실판매 등	매출액	4,086	3.2
			순이익	-378	-15.9
			총자산	5,248	3.7
			순자산	2,283	3.0
단체급식/ 외식 및 식품유통	㈜신세계푸드	식자재 납품 등	매출액	6,521	5.1
			순이익	42	1.8
			총자산	3,825	2.7
			순자산	2,855	3.8
슈퍼마켓	㈜에브리데이리테일 ㈜에스엠	식품 등	매출액	7,743	6.0
			순이익	-24	-1.0
			총자산	4,056	2.9
			순자산	805	1.1
해외 대형마트	상해이매득초시유한 공사	식품 등	매출액	2,048	1.6
			순이익	-409	-17.2
			총자산	730	0.5
			순자산	-137	-0.2
총계			매출액	128,781	100.0
			순이익	2,379	100.0
			총자산	141,508	100.0
			순자산	74,890	100.0

자료: 이마트

이마트의 사업 부문별 연결매출액 비중

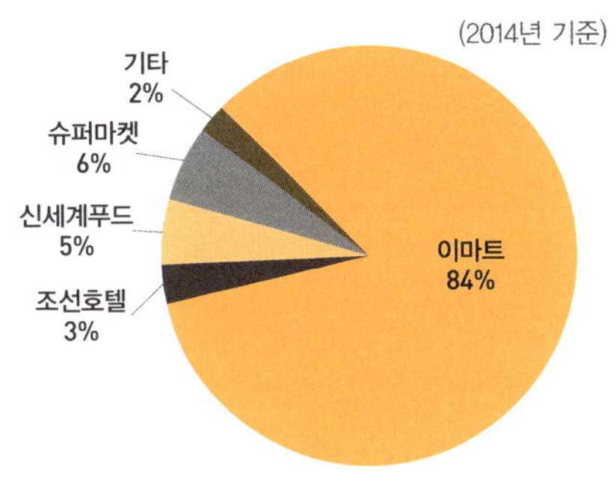

자료: 이마트

이마트의 사업 부문별 연결순이익 비중

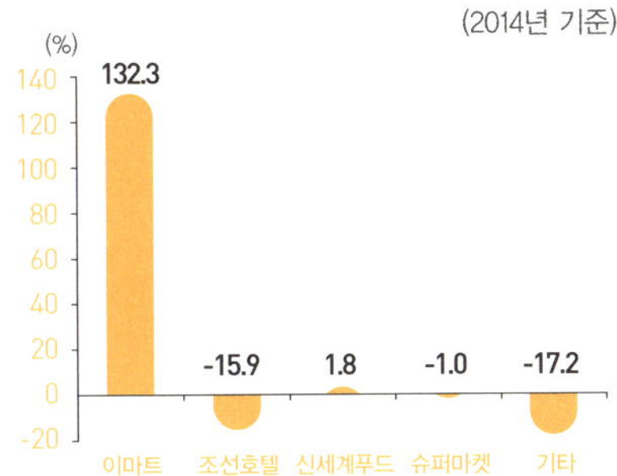

자료: 이마트

이마트 사업부별 주요 영업용 설비 현황 – 국내 150여 개 점포 보유

(2014년 기준) (단위: 억 원)

구분	회사명	점포수	장부가액		
			토지	건물	합계
국내 대형마트사업	㈜이마트	국내 145개점(트레이더스 9개 포함) 해외 사무소 2개점	32,393	29,556	61,949 임차
해외 대형마트사업	상해이매득초시유한공사	해외 점포 5개			임차
	천진태달이매득초시유한공사				임차
	상해신이백화유한공사				임차
	무석이매득구물중심유한공사				소유/임차
	곤산이매득구물중심유한공사				임차
관광호텔업	㈜조선호텔	서울호텔, 부산호텔, 부산 김해공항점 면세점, 부산 해운대 면세점 등	1,521	6,521	2,120 임차
단체급식/외식 및 식품유통업	㈜신세계푸드	급식사업(경기도 부천시)	4	12	16
		외식사업(서울 강남구)			임차
		기타(서울 중구 외)			임차
슈퍼마켓사업	㈜에브리데이리테일	총 155개 점포	273	260	533
합계			34,191	30,426	64,617

자료: 이마트

이마트 국내 점포 출점 내역 – 이마트 슈퍼사업도 성장 중임에 주목

(단위: 억 원)

구 분	1993	1997	2005	2006	2009	2010	2012	2014
국내								
이마트	1	9	80	104	127	133	142	141
슈퍼(에브리데이)					12	18	84	155
트레이더스						1	7	9
중국		1	4	7	23	24	16	9
주요 출점 내용								
1993	국내 대형마트 1호 창동점 오픈							
1997	상해에 중국 이마트 1호점 오픈							
2005	천진에 중국 이마트 4호점(천진 1호점) 오픈							
2006	월마트코리아 인수로 16개 점포 증가							
2009	이마트에브리데이슈퍼 1호점 오픈							
2010	트레이더스 1호점(구성점) 전환 오픈							

자료: 이마트

고 있는데 이들은 그룹의 주요 사업 영역인 유통을 비롯해 패션, 종합 식품유통업을 영위하는 회사들로 구성되어 있다.

한편, 지난 몇 년 동안 이마트의 기존 사업 매출과 영업이익이 역신 장하였는데, 이는 강제휴무와 같은 규제의 영향이 크다. 더욱이 2012년 말 하도급 계약직에 대한 문제가 불거지자 이마트는 업계 1위답게 이들을 모두 정규직으로 전환하는 결단을 내린다. 이 덕분에 정규직 전환에 따른 비용부담까지 가중되었고 영업이익률은 추가적으로 하락하였다. 하지만 이마트 온라인몰, 트레이더스를 비롯한 신사업이 양호한 성장을 지속하고 있고 향후 이익에도 기여할 것으로 보인다. 또한 기존 오프라인 매장의 실적도 회복세를 보이고 있어 점진적인 개선이 가능할 것으로 예상된다.

이마트 총 매출액 및 성장률 전망 – 사업다각화를 통해 향후 연간 12%씩 성장할 전망

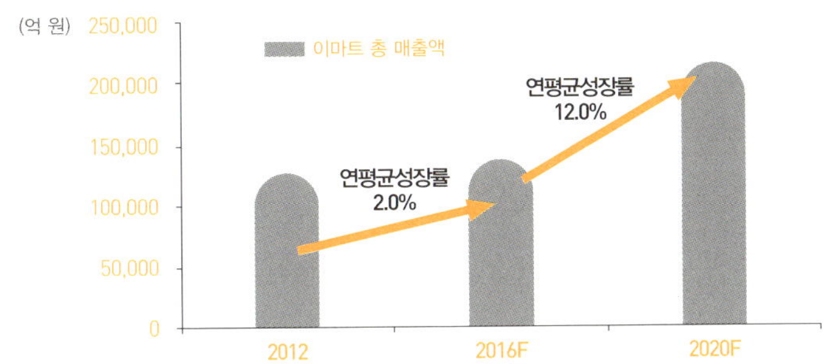

이마트 영업이익 및 영업이익률 추이 – 2015년은 경기 부진 및 각종 규제 영향에서 벗어나기 시작

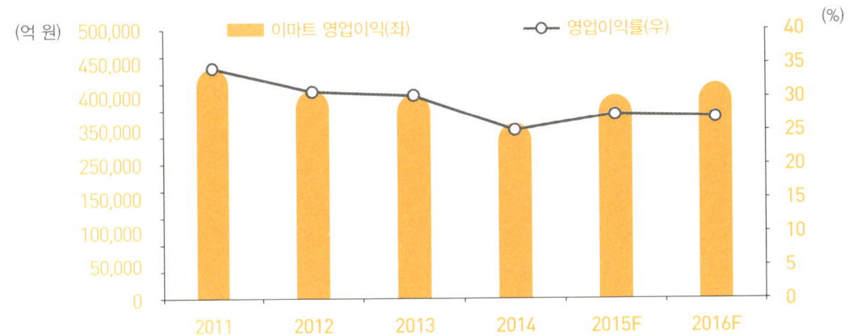

이마트에서 어떤 도전 기회를 가질 수 있을지 탐색해봅시다.

이마트의 매출과 이익에 직접적인 영향을 주는 종속회사는 국내 9개, 해외 8개로 총 17개 입니다. 규모가 비교적 큰 ㈜조선호텔, ㈜신세계푸드, ㈜이마트에브리데이 등에 대해서는 연매출 규모 정도는 파악해 두기 바랍니다. 스타벅스는 관계(공동)회사로 편입이 되어 있는 관계로 이마트 매출에는 잡히지 않고 있으므로 참고하시기 바랍니다. 이마트의 최근 실적을 보면 이마트와 신세계푸드를 제외하고는 종속회사 대부분이 적자를 보이고 있습니다. 특히 해외로 진출한 계열사들의 부진으로 인해 이마트 내부적으로도 해외 진출에 대한 전략에 큰 고민이 있음을 추정해볼 수 있겠습니다. 이마트가 진정한 글로벌 기업으로 성장해나가기 위해서는 수익성 높은 사업 포트폴리오로 점차 탈바꿈해나가야 하는 만큼 조직원 입장에서는 앞으로도 많은 도전의 기회가 있다고 하겠습니다. 재무 성과가 좋다고 회사가 무조건 훌륭하다고 할 수는 없습니다. 사회에 어떤 기여를 하면서 어떤 도전을 해나가는지 그리고 그 과정에서 조직원들에게 어떤 기회가 주어지는지를 잘 살펴봐야 개인적으로도 함께 성장할 수 있습니다.

늘 시장의 주목을 받는 유통 노하우와 소싱 능력

2011년 사업 분할 전의 신세계는 이마트, 신세계백화점을 운영하던 하나의 회사였다. 당시 이마트가 실적의 상당 부분을 차지하고 주가를 견인했었기 때문에 분할 전의 신세계 주가를 돌이켜볼 필요가 있다.

신세계는 한국 유통주의 눈부신 리레이팅Re-rating을 이끌었던 주역이었다. 1998년 외환위기 직후 적은 투자비로 공격적인 출점을 하면서 이마트는 시장에서 지배적인 위치를 선점할 수 있었다. 매년 순이익이 170~470%까지 증가했던 시기에 신세계는 시장 대비 100배가 넘는 프리미엄을 받기도 했다. 이후 성장이 하향안정화되기 시작했지만 여전히 순이익은 연평균 20%씩 증가하면서 시장 대비 두 배의 프리미엄을 받아온 기업이 바로 신세계(현재 이마트)다.

코스피와 신세계의 역대 주가수익비율 추이 비교 – 신세계그룹 고속 성장기의 주가 프리미엄 엄청나

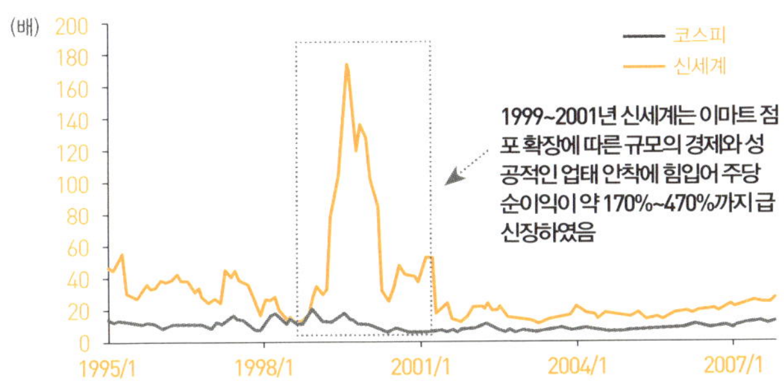

자료: 이마트, 저자 추정

신세계 최고 성장기를 제외한 역대 주가수익비율 추이 – 저성장기에 접어들었음에도 신세계그룹은 오랜 기간 주가 프리미엄을 유지했음

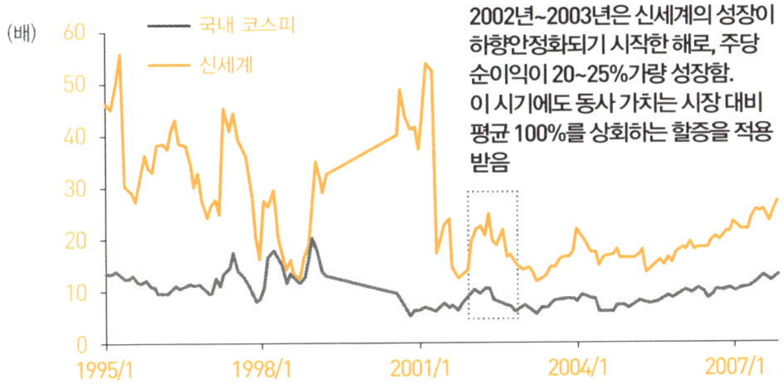

자료: 이마트, 저자 추정

최근의 이마트는 신사업에 착수하여 성장 동력을 찾고 있지만 다소
시간이 걸리는 느낌이다. 하지만 시장 지배적 사업자가 지닌 유통 노
하우와 소싱 능력에 대해 여전히 시장은 기대하고 있다. 기존 사업의
수익성 개선, 신사업의 이익 기여 여부를 꾸준히 지켜볼 일이다.

이마트 시가총액 추이 – 신세계그룹 분할 이후 이마트는 각종 규제와 경기 부진으로 주가 하락세

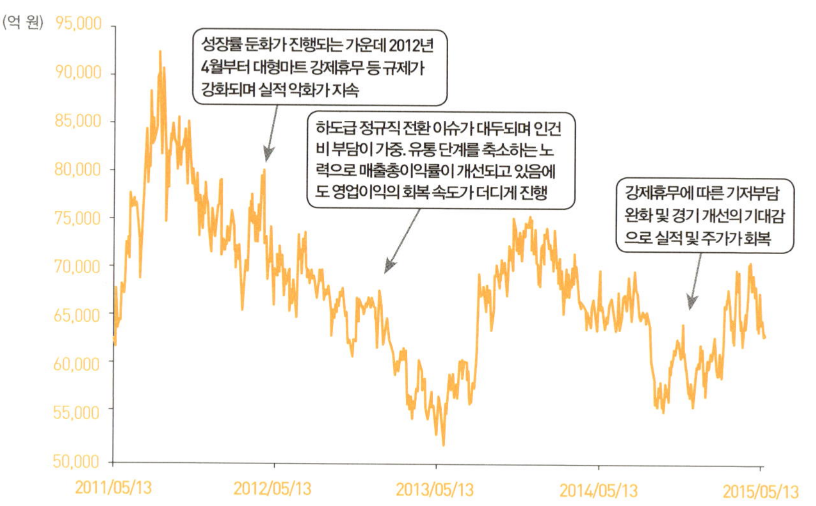

국내 동종 업계 주당순이익·주가수익비율 성장 비교 – 최근 순이익 역신장으로 밸류에이션 매력은 상대적으로 떨어져 보임

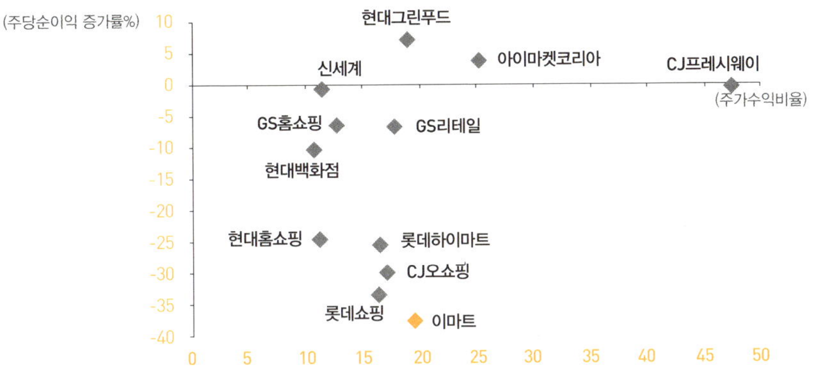

해외 동종 업계 주당순이익·주가수익비율 성장 비교 – 최근 유통업체들은 국내외 모두 이익이 역신 장세였음을 알 수 있음

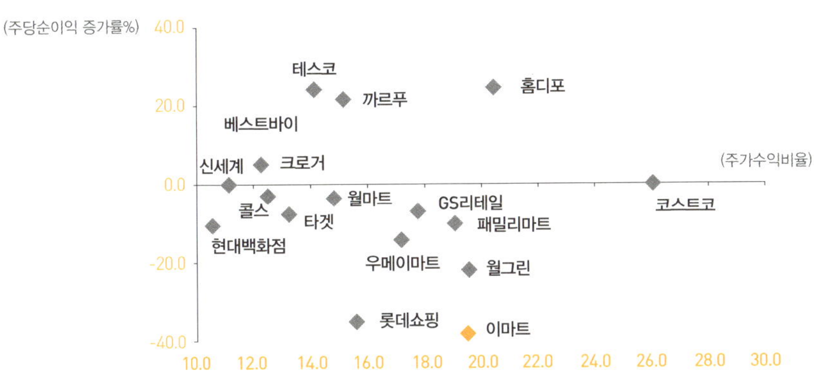

재무지표에 숨어 있는 다양한 의미를 살펴봅시다.

기업의 장기 주가 흐름을 보면 그 기업의 성장세와 수익창출력도 쉽게 파악할 수 있습니다. 2000년대 초반 이마트가 대형마트 돌풍을 일으켰을 당시 신세계 주가는 고공행진을 했습니다. 이익의 증가 속도가 빨라지면 투자자들은 미래 회사가치도 그에 맞춰 계산하게 되는데 이를 보통 주당순이익EPS과 주가수익비율PER로 표현합니다. 세금을 내고 남은 순이익을 발행주식 수로 나누면 주당순이익이 나오는데, 이를 분모로 하고 해당 기업의 주가를 분자로 놓고 계산을 하면 바로 주가수익비율이 산출되는 것입니다. 애널리스트들이 기업을 평가할 때 가장 중요하게 추적하는 지표들입니다. 주가수익비율이 몇 배인지 그리고 해당 업종의 시장의 평균 주가수익비율을 비교해보면 그 기업이 프리미엄을 받는지 아니면 디스카운트를 받는지 금세 판단할 수 있습니다.

2000년대 초반 이마트는 엄청난 프리미엄을 받았습니다. 하지만 최근에는 이마트를 포함하여 국내외 주요 대형마트 기업들의 이익 모멘텀이 약화하면서 주당순이익 성장률도 마이너스 수준으로 떨어져 있고 주가수익비율 역시 낮은 수준에 머무르고 있습니다. 바로 이런 상황 때문에 이마트는 매우 적극적이면서도 공격적인 영업 전략을 구사하고 있으며, 스스로의 힘(물류 배송 혁신, PB 차별화 등)으로 이런 재무지표들을 개선시킬 수 있는 여지도 최대한 찾고 있다고 보면 되겠습니다.

emart

문화:
새로움을 추구하며
발전하는 신세계그룹

신세계그룹은 삼성그룹의 창업주 고^故 이병철 회장의 5녀인 이명희 회장이 키운 사업입니다. 계속해서 새롭고 도전적인 방향으로 사업을 확장하고 발전시키는 모습이 인상적이며, 앞으로의 행보가 기대되는 몇 안 되는 기업 중의 하나입니다. 그들의 경영 마인드는 어떨까요? 한 기업이 성장해온 역사를 거슬러 올라가 보면 그 기업의 성향과 가치관 그리고 문화를 파악해볼 수 있습니다.

01

국내 최초가 익숙한
신세계그룹

유통혁명을 주도하는 기업

이마트는 신세계그룹의 주요 기업으로 삼성그룹 창업주인 고 이병철 회장의 5녀인 이명희 회장이 키운 사업이다. 현재는 이명희 회장의 장남인 정용진 부회장이 신세계그룹 실무를 이끌고 있다.

국내 최초로 백화점과 대형마트를 도입한 신세계그룹은 시장에 적응하는 기업이 아니라 시장에 도전하며 유통혁명을 주도하는 것을 목표로 삼는다. 특히 이마트는 기존 대형마트 사업에 국한하지 않고 향후 전국 주요 상권에 거대한 규모의 대형쇼핑몰과 함께 온라인몰, 슈퍼마켓, 편의점 등 생활 주변에서 일상의 편의를 제공하는 다양한 유통 채널을 개척하고자 준비 중이다.

신세계그룹은 유통을 넘어 브랜드, 푸드, 부동산개발 분야로 사업

신세계그룹 가계도

자료: 이마트

고　객 - 우리의 존재 이유가 고객이며, 우리의 의사결정의 기준 역시 고객이다.

임직원 - 우리는 임직원의 보람과 행복을 위해 최선의 노력을 다한다.

혁　신 - 우리는 시장의 룰을 답습하지 않고 시장의 룰을 바꾸어 앞서 나간다.

성　과 - 우리는 지속적 성장을 위해 장단기 성과의 균형을 유지한다.

소　통 - 우리는 신세계 안에서 자유롭게 이야기하고 협력한다.

브랜드 - 우리는 신세계의 브랜드 가치를 높여 우리만의 차별성을 갖는다.

상　생 - 우리는 지역사회와 더불어 발전하고 협력사와 함께 성장한다.

영역을 확장하여 그룹의 구조와 체질을 혁신하기 위해 지속적인 투자를 할 예정이다.

과감한 도전으로 이마트를 성공시킨 신세계

신세계그룹의 역사는 현재 신세계백화점 본점의 모태가 된 1930년 일본의 미츠코시Mitsukoshi 경성 지점에서부터 출발한다. 1985년 (주)신세계백화점으로 유가증권시장에 상장하였고 당시에는 백화점이 주력 사업이었다. 이후 1993년 11월 12일 국내 최초의 대형마트인 이마트 창동점을 개점하면서 운명은 바뀌기 시작하였다.

당시 이마트는 신세계그룹의 자체 노하우와 기술력으로 개발된 한국형 디스카운트 스토어로 한국 유통산업의 일대 전환점이 되는 신유통 시대의 개막을 알렸다는 평가를 받고 있다. 이마트 창동점은 상품의 직매입, 대량 구매로 원가를 낮추었으며 최소한의 판매관리 인원으로 인건비를 절감하여 동일 시중 상품 중 최저가격으로 판매하는 것을 목표로 했다. 또한 상품을 구매하는 전 과정을 고객 스스로 해결하는 셀프서비스 방식을 채택하여 기존 백화점의 시스템과는 전혀 다른 방식으로 운영하였고, 가격 메리트와 편의성으로 고객들로부터 큰 인기를 끌었으며 '가격파괴'라는 신조어를 유행시키는 계기가 되었다.

1997년 IMF 금융위기를 기회로 대형마트를 공격적으로 출점한 결과 이마트는 한국형 할인마트의 1위 사업자가 되었다. 거기에 그치지

신세계그룹 지배구조

(2015년 기준)

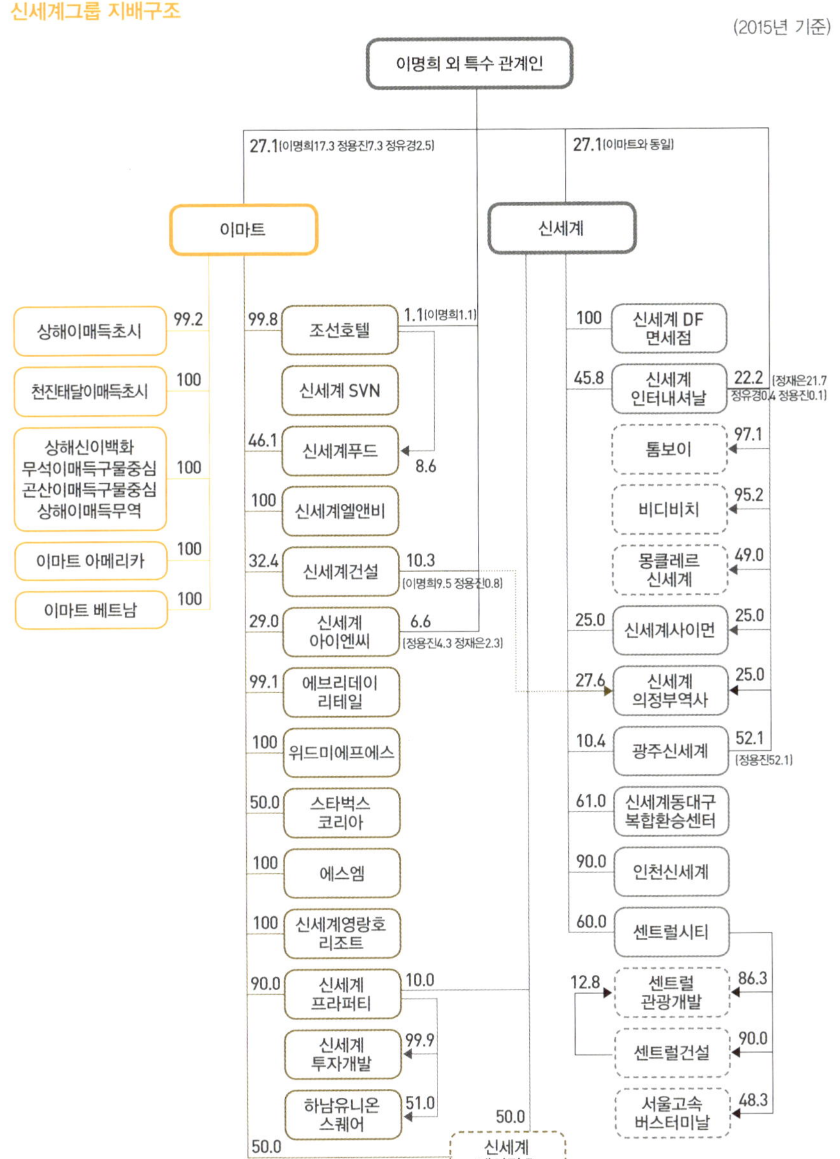

자료: 이마트

않고 이마트는 기존 오프라인 매장 형태와 다른 새로운 업태로 2010
년 트레이더스, 2009년 에브리데이슈퍼 외에 이마트몰, E-Club, 주유
소 등의 신사업에도 진출했다.

이마트는 2011년 5월 인적 분할을 통해 당시 백화점과 대형마트 사

이마트 주요 사업부 및 종속회사별 상세 연혁

구분	주요 종속회사	연 혁
국내 대형마트사업	㈜이마트	1993.11 대형마트 국내 1호점인 이마트 창동점 개점 2010.11 트레이더스 1호 구성점 개점 2011.05 이마트-신세계로 인적분할
해외 대형마트사업	상해이매득초시유한 공사 등	1997.01 설립 2010.06 신발, 모자, 방직용품 등 사업 목적 추가 2011.10 쏭장물류센터 오픈 2011~2014 쯔진, 쏭장, 인뚜, 탕구, 아오청, 홍차오 등 중국 점포 대거 영업종료 2014. 11 베트남법인 설립
관광호텔업	㈜조선호텔	1967.08 설립 2008.02 세탁업, 스파 서비스업, 화장품 소매업, 골프연습장업 사업 목적 추가 2010.05 [주]조선호텔베이커리로 인더키친(베끼아누보, 패이아드) 사업 양도 2011.05 서울웨스틴조선호텔 리뉴얼 그랜드 오픈 2011.07 스테이트타워 남산 서비스운영 2012 [주]파라다이스면세점 인수, 흡수합병 2013.07 김해공항 면세사업권 취득 2015.02 인천공항 면세사업권 취득
단체 급식/외식 및 식품유통업	㈜신세계푸드	1995.07 설립 2006.03 [주]신세계푸드시스템에서 [주]신세계푸드로 상호 변경 2009.03 [주]훼미리푸드 흡수합병 2010.04 코스닥시장에서 유가증권시장으로 이전 상장 2011.03 소사육업, 소분, 판매업 등 사업 목적 추가 2012.08 음성 식품가공센터 준공 2014.12 ㈜신세계SVN 흡수합병
슈퍼마켓사업	㈜에브리데이리테일	1974.07 설립 2006.03 사명변경 ([주]해태유통 → [주]킴스클럽마트) 2011.11 최대주주 변경 (98.68%, [주]이랜드리테일 → [주]이마트) 　　　　 이마트로 인수, 사명변경([주]킴스클럽마트 → [주]이마트슈퍼) 2012.02 사명변경 ([주]이마트슈퍼 → [주]에브리데이리테일) 　　　　 소매업 관련 용역 및 위수탁 사업, 점포소매업 등 사업 목적 추가 　　　　 [주]이마트 슈퍼마켓사업 부문(에브리데이 등) 양수
	㈜에스엠	1998.10 설립 2012.01 최대주주 변경 (100%, [주]이마트)
부동산개발업	㈜신세계프라퍼티	2013.12 설립, ㈜신세계투자개발 주식 취득, ㈜이마트 삼송복합쇼핑몰 토지 　　　　 분양권 등 양수

자료: 이마트

업부가 함께 운영되던 '신세계'로부터 분리되어 지금과 같은 단독 법인이 되었다.

'시장의 룰을 바꿔나간다'는 면에서 자신의 과거를 점검해봅시다. 이마트는 시장의 질서를 따라가지 않고 시장의 룰을 바꿔나간다는 모토를 내걸고 있습니다. 그래서 지금까지 '최초'라는 수식어를 가장 많이 보유하고 있는 기업입니다. 만일 자소서나 면접에서 자신의 과거 경험 중 기존의 관습이나 형식에 얽매이지 않고 자신만의 새로운 방법을 통해 성공적으로 일을 수행한 경험을 묻는다면 바로 이런 배경에 비추어 판단해봐야 할 것입니다. '최초'보다 고정관념을 버리고 사물이나 사건을 새롭게 인식하는 눈이 중요합니다.

관련 자료 찾아보기 ⑮
검색 키워드, '신세계 기업문화', '이마트 기업문화'

'신세계 기업문화', '이마트 기업문화'를 키워드로 관련 내용들을 정리해봅니다. 신세계그룹 차원의 기업문화를 먼저 살펴본 다음 이마트도 함께 체크하시기 바랍니다. 대형마트 영업 특성상 현장 중시 경영을 어떻게 하는지, 지역 주민들과 상생 경영은 어떻게 하는지, 오너가 인문학을 크게 강조하고 있는 만큼 인문학을 경영에 어떻게 접목시키고 있는지, 재래시장과는 어떤 상생 노력을 하고 있는지 등 다양한 잣대로 자신의 재능이나 장점이 어떻게 접목될 수 있는지 탐색해보시기 바랍니다.

02
신세계그룹은
모범생 타입

기업 스스로 개척하는 사업 방식

신세계그룹은 사업을 영위해온 역사에 비해 인수합병M&A 이력이 많지 않은 회사다. 전체 인수합병 건 중 절반 이상이 2012년에 진행되었을 정도로 그 이전에는 인수합병에 유난히 인색했던 것으로 보인다. 2006년에 인수한 한국 월마트 매장 16개가 개중 가장 큰 딜이었다. 이를 통해 기업문화를 짐작해보건대, 이마트는 '스스로 개척하여 내 것으로 만드는' 모범생적인 사고와 자세가 곳곳에 뿌리잡고 있는 것으로 보인다. 즉, 남들이 한다고 나도 따라서 하지 않는다는 것이다. 직접 사업을 운영하여 시행착오를 겪으면서 안정화 및 발전을 시키는 것이 신세계그룹의 사업 방식인 것으로 판단된다.

정확한 실적 예측이 가능한 경영 노하우

또한 이마트를 위시한 신세계그룹은 손익분석이 철저하기로 유명하다. 전사적자원관리ERP시스템 등 데이터관리가 용이해진 지금이야 점포별 손익관리가 회사의 당연한 시스템이지만, 1990년대에는 컴퓨터를 이용한 데이터 정리나 문서화가 보편적이지 않던 시기였다. 그런 환경에서도 이마트는 한 달에 한두 번 전 점포 점장을 대상으로 점장회의를 열어 점포별 전월 손익보고를 통해 효율적인 점포관리 노하우를 공유하는 시스템을 정립시켰다.

Fig 59

신세계그룹 주요 M&A 내역 – 신세계그룹은 M&A보다는 자체개발 및 성장을 중요시하는 것으로 보여

일자	주체	내용	투자 금액(억 원)
1992년 06월 30일	이마트	(주)조선호텔 인수	288
1998년 06월 01일	이마트	PRICE CLUB(양평, 대구, 대전) 사업 양도	1,379
2006년 09월 28일	이마트	월마트코리아(주) 주식인수(16개점)	8,438
2008년 10월 09일	(구)신세계	(주)신세계드림익스프레스 주식 ㈜한진에 매각	300
2008년 12월 29일	이마트	㈜신세계마트 흡수합병	
2011년 12월 01일	이마트	이마트슈퍼(구, 킴스클럽마트) 지분 98.7% 인수	2,246
2012년 01월 26일	에브리데이리테일	㈜이마트슈퍼로부터 슈퍼 사업(에브리데이 등) 관련 자산과 부채 일체를 양도	312
2012년 01월 31일	이마트	주식회사 에스엠 100% 인수	1,233
2012년 05월 01일	신세계	㈜신세계인터내셔날로부터 분더샵BOON THE SHOP 사업 양수	235
2012년 07월 30일	에스엠	케이엔마트 3개 점포 영업 양수	81
2012년 08월 08일	에스엠	엔에스마스 22개 점포 영업 양수	28
2012년 08월 10일	이마트	주식회사 신세계영랑호리조트 지분 100% 인수	45
2012년 10월 12일	조선호텔	주식회사 파라다이스면세점 지분 100% 인수	1,115
2013년 12월 23일	이마트	㈜위드미에프에스 지분 100% 인수	20

자료: 신세계그룹

손익구조는 회계담당자만이 알아야 할 내용이 아니라 점포를 경영하는 직원들이라면 누구나 익혀서 일선에서 활용할 수 있어야 함을 강조해왔다. 시기별 상품 구성과 매대 진열 방식, 적정재고, 매출과 관련성 있는 고정비와 변동비 파악, 매출 규모에 적정한 인력을 구성하는 등 판매회전율과 매출이익에 영향을 미칠 수 있는 요인들을 숙지함으로써 점포의 공헌이익을 극대화할 수 있는 방법을 현장 직원들이 체득하게끔 했던 것이다. 이러한 연습과 전략이 누적되어 이마트는 경쟁사보다 데이터 관리와 손익분석이 치밀하며 영업 환경의 변화(거시경제적 요인뿐 아니라 지역사회 요인에 이르는 다양한 환경 요인)에 따라 실적이 어떻게 변동할지에 대한 예측이 비교적 정확한 편이다.

숫자 감각 뒤처지지 않기

숫자 감각에서 뒤처지지 않도록 노력해봅시다.

모든 직원들의 숫자 감각을 강조한다는 내용 속에서 이마트의 기업문화를 확연히 느낄 수 있습니다. 이마트는 섣부른 확장 전략을 추구하지 않는 대신 손익이 명확하게 보이는 곳이라면 누구보다 적극적으로 의사결정을 해왔습니다. 특히 현장이 어떻게 돌아가는지 실시간으로 체크하고 대비하는 회사의 분위기에서 취준생들이 어디에 초점을 두고 준비해야 할지도 생각해볼 수 있습니다. 우선 숫자 감각에 서툴러서는 안 되겠습니다. 전문적인 회계 지식은 아니더라도 숫자를 갖고 설명하고 상황을 이해하는 이미지를 전달할 필요가 있습니다. 또한 임직원 모두 일정한 매장 근무 경험을 요구할 만큼 현장이 어떻게 돌아가고 어떻게 해서 수익이 도모될 수 있는지에 대한 감각을 중시하는 이마트입니다. 따라서 아르바이트 경험이 있다면 되도록 이런 부분에 초점을 두고 자신의 경험을 설명하는 것이 보다 유용할 것입니다.

관련 자료 찾아보기 ⑯
《동아비즈니스리뷰》, 〈임팩트를 주고 싶다? 숫자 감각을 익혀라〉

《동아비즈니스리뷰DBR》에 실려 있는 〈임팩트를 주고 싶다? 숫자 감각을 익혀라〉라는 해외 보고서의 번역판 내용을 잠깐 참고해보겠습니다. 기업에서 진정한 프로가 되기 위한 지름길은 '숫자의 달인'이 되는 것이라는 지적을 하면서 숫자를 활용하는 4가지 방법을 소개하고 있습니다. 유료서비스라서 약간 아쉽지만 이런 내용이 꼭 필요한 경우에는 한 번쯤 읽어볼 가치가 있습니다. 대학 도서관에 가서 《DBR》 각 호들을 체크해보는 것도 좋은 방법입니다.

바로취업 시리즈 ⑩